REGISTROS AKÁSHICOS
COMO ACESSÁ-LOS

Sérgio Lopes

REGISTROS AKÁSHICOS
COMO ACESSÁ-LOS

© 2024, Madras Editora Ltda.

Editor:
Wagner Veneziani Costa (*in memoriam*)

Produção e Capa:
Equipe Técnica Madras

Revisão:
Jerônimo Feitosa
Ana Paula Luccisano

Dados Internacionais de Catalogação na Publicação (CIP)
(Câmara Brasileira do Livro, SP, Brasil)

Lopes, Sérgio
Registros akáshicos : como acessá-los / Sérgio Lopes.
São Paulo : Madras Editora, 2024.

ISBN 978-65-5620-076-7

1. Autoajuda 2. Espiritualidade 3. Parapsicologia

I. Título.

24-207714 CDD-133.9

Índices para catálogo sistemático:
1. Espiritualidade 133.9
Eliane de Freitas Leite - Bibliotecária - CRB 8/8415

É proibida a reprodução total ou parcial desta obra, de qualquer forma ou por qualquer meio eletrônico, mecânico, inclusive por meio de processos xerográficos, incluindo ainda o uso da internet, sem a permissão expressa da Madras Editora, na pessoa de seu editor (Lei nº 9.610, de 19/2/1998).

Todos os direitos desta edição reservados pela

MADRAS EDITORA LTDA.
Rua Paulo Gonçalves, 88 — Santana
CEP: 02403-020 — São Paulo/SP
Tel.: (11) 2281-5555 – (11) 98128-7754
www.madras.com.br

Índice

Notas do Autor 7
Prefácio 13
Capítulo 1 – Origem das Informações 19
Capítulo 2 – O Despertar de Si Mesmo(a) 31
Capítulo 3 – A Corrente, o Elo 37
Capítulo 4 – A Escada 41
Capítulo 5 – A Entrega, a Inspiração 47
Capítulo 6 – A Jornada 53
Capítulo 7 – A Completude do Vazio 59
Capítulo 8 – A Visão do Todo em Partes 65
Capítulo 9 – O Acesso 75
Capítulo 10 – As Chaves para Si 79
Capítulo 11 – A Visão do Todo 83
Capítulo 12 – As Personalidades e as Diferenças 91
Capítulo 13 – As Mensagens 95
Capítulo 14 – Possibilidades nas Leituras 99
Capítulo 15 – O Trabalho das Leituras 109
Capítulo 16 – A Sequência de Trabalho para Si Mesmo(a) 121
Capítulo 17 – A Sequência de Trabalho para Outra Pessoa ... 123
Capítulo 18 – As Chaves para Outrem 127
Capítulo 19 – A Hora da Vez 131
Capítulo 20 – Mudanças 137
Capítulo 21 – Clarificação 141

Capítulo 22 – O Côncavo e o Convexo 147
Capítulo 23 – A Vontade e a Propensão 155
Capítulo 24 – Até Breve 157
Epílogo 159

Notas do Autor

Primeiramente, quero lhe dar as boas-vindas ao Universo Akáshico e compartilhar alguns conceitos importantes, provenientes de pesquisas e de diversos cursos e vivências.

Antes de qualquer aspecto, não espere uma fórmula rápida e "mágica" para você se transformar em um leitor/uma leitora de Registros Akáshicos, em minutos. Espere uma jornada de conhecimento e de experiências que se darão por meio de suas ações. Não espere vir pronto... Apronte o que você mesmo(a) espera. Assim, você viverá uma realidade bem além disso...

Vamos lá?

Dentro do Askasha, chamado também de Origem, nós somos o sonho da Consciência Divina, divididos em diversas consciências unas, as quais caminham em sua linha não temporal, mas evolucional. Por evolução, entenda, no sentido denotativo da palavra, que é passar por movimentações sucessivas.

No Akasha, todas essas movimentações são registradas – das ordinárias às extraordinárias. Por isso é chamado de um grande arquivo. Por "todas", entenda que são nossos pensamentos, nossas ações, nossos sentimentos, nossos passos, nossos acertos, nossas escolhas não tão acertadas...

Nos Registros Akáshicos (RAs), é preciso compreender que o instrumento é tão essencial quanto o instrumentista, ou seja, só sua vontade não é suficiente. Trata-se de uma união de forças para um fim: AJUDAR ou SER AJUDADO(A). Por ajuda, leia-se ESCLARECIMENTO, que vem da palavra CLAREAR, ILUMINAR. Para isso, é necessário que haja um pedido do instrumentista, você, e uma permissão com origem no Registro Akáshico, do instrumento. Isso será bem explicado ao longo desta obra.

No sentido de clarear, este livro será fonte de entendimento de fatos importantes para/do seu caminhar, assim como servirá para você se conectar com seu Eu Superior, tão falado e escrito, mas tão pouco entendido. Mesmo que você não se torne uma pessoa que fará leitura para outras pessoas, poderá, minimamente, e já grandiosamente, tornar-se um leitor/uma leitora dos seus próprios Registros Akáshicos, a fim de que compreenda seus passos na, por vezes tortuosa, rota do seu desenvolvimento consciencial.

Quando fazemos contato consciente com os campos Akáshicos, por meio dos conteúdos trazidos pelas consciências Akáshicas, temos a certeza de que tudo o que está na Terra está em contato constante com os Registros Akáshicos, os quais não são um simples "livro" a ser lido. A riqueza de detalhes e a variedade de possibilidades de trabalho dentro dos RAs são tão exuberantes que sua limitada imaginação não seria capaz de criar, pois o Akasha faz parte da própria Mente Divina, da Fonte Criadora. Nisso, há uma infinita diferença

Tal Mente Divina é dividida em dimensões físicas e extrafísicas. Sendo bem sucinto, no mundo em que vivemos, há a dimensão das moléculas, dos átomos, dos minerais, da água, do solo, da estrutura física. Depois, dos reinos vegetal e animal. A partir daí, chegamos à conhecida 3D,[1] em que, no que concerne aos seres humanos, o Ego prevalece (Ego é a consciência, o "eu de cada um", ou seja, o que caracteriza a personalidade externalizada de cada ser vivente).

Na chamada 4D, com o mundo astral inferior e superior em vibração, podemos fazer contato com nosso Eu Superior (nossa origem), pelo que denominamos campo espiritual, intangível, sendo que uma parcela dos encarnados em 3D sabe que somos um ser espiritual, vivendo uma experiência corpórea. Alguns dizem que os Registros Akáshicos estão em 5D, mas, até o fim do livro, você verá que essa classificação é um pouco limitadora da realidade que se mostrará àquele que

---

1. Referência à Terceira Dimensão, assim como há 4D e 5D, mencionadas nesta obra.

buscar. Se você já estudou dimensões espirituais, verá que as descrições deste livro combinam, em parte, com a 5D, no sentido de falta de temporalidade terrestre e onde residem os seres de Luz. Porém, alerto que esse *modus operandi* humano de tudo classificar pode não ser o mais adequado para a infinitude dos Registros Akáshicos.

Essa conexão com o mundo não físico, o que chamamos de espiritual, por assim dizer, aqui, entenderemos como os diversos campos e possibilidades de contato dentro dos Registros Akáshicos, dentro da infinita Mente Divina.

A respeito de tudo estar em contato com a Fonte Criadora, entenda que os animais e tudo mais que existe em nosso orbe terrestre, só para limitar um pouco a imensidão do Universo, acessam e processam os RAs por instinto. Nesse ponto, há uma realidade: muitos seres humanos ainda vivem dessa forma, deixando de ganhar consciência em/de sua evolução e, mais ainda, deixando de entender a responsabilidade que precisam ter pela jornada individual, para que caminhem adiante e não fiquem estagnados.

Para entender facilmente o que seria a evolução, basta analisar fatos em sua vida... Há algo que você fazia/praticava que percebeu não ser mais adequado e o modificou? Isso é evoluir, no sentido denotativo da palavra, é passar por movimentações sucessivas, não se tratando do paradoxo entre bem e mal, entre certo e errado.

A cada movimento, ou antes de cada movimento, a Fonte Original tenta nos avisar sobre algo, por vários meios, até que um fato acontece. Como muitas vezes agimos pelo impulso/instinto, deixamos de ouvir "aquela voz" e acabamos por fazer escolhas que nem sempre são as melhores para aquele momento. Por outro viés, tudo é aprendizado, só que, como em uma escola, é preciso refazer/reviver para acertar, evoluir, passar adiante, movimentar-se adiante.

É importante entender o Askasha como um local pluridimensional, sem o tempo como conhecido e vivido no orbe terrestre. Nos Registros Akáshicos, tudo é o agora, então, o que é analisado, leitor/leitora desta obra, é sua linha de evolução consciencial: da menor sabedoria que você já teve, no início de sua criação, à maior sabedoria que alcançou.

Toda essa sabedoria, da menor em quantidade à maior em volume, é parte do agora, do que você é atualmente.

Por esse motivo se diz que o Askasha é o princípio original e o fim primordial, onde tudo recomeça, onde as lições são analisadas e onde se entende o que ainda precisa ser aprendido ou reaprendido. "O início, o fim e o meio" pelo qual ciclos são permitidos e possíveis, com respeitoso empréstimo linguístico-musical.

Sobre essa realidade evolucional, é fato que muitos seres humanos ficam estagnados, pois perdem um longo tempo (terreno), ao brigar com o que não deu certo, olhando para as pedras no caminho e deixando de olhar adiante, para o objetivo maior no fim da estrada.

Nesse sentido, os Registros Akáshicos são uma ferramenta, dentre outras, também importante para que seu olhar consciencial se eleve para além das pedras, pois elas podem ser trabalhadas por quem as conhece, consciências dos Registros Akáshicos, mais do que você pensa conhecer de si mesmo(a).

Aqui, cabe fazer uma citação a John Berger (1972): "Só vemos aquilo que olhamos. O ato de olhar é uma escolha", o qual revolucionou a forma como olhamos para a arte. No nosso caso, esse conceito deve ser entendido como a forma como olhamos para a arte de viver. Como seu objetivo, ao ler este livro, é de um novo olhar sobre si mesmo(a), entenda que essa escolha é um importante passo na sua evolução consciencial.

Também é importante analisar um campo pouco citado no meio comum, a Epigenética, postulado por Conrad Waddington (Escócia, 1957), em que EPI significa sobre/acima e se estuda que experiências vividas pelos pais (físicas e emocionais) podem ser transmitidas aos descendentes pela "memória genética". Ao acessar os Registros Akáshicos, você entenderá que a herança ancestral vai além dessa memória que recebemos dos nossos antepassados e que é possível tratar essa herança. Ao longo de suas vivências de contatos com os RAs, você perceberá como as consciências em contato farão a mostra e a elucidação de um fato, ou de fatos, pedindo autorização para tratar certos pontos. A permissão dessa mostra vem da Fonte Criadora e dos Senhores dos Registros Akáshicos, mas a escolha de "tratar" será sua. Só sua.

Com isso, haverá uma influência direta no Campo Mórfico, estudado pelo biólogo Rupert Sheldrake (1981): "se alguém pensa numa mudança, ela já está no campo da pessoa". Nesse caso, os RAs têm a incumbência de fazer pensar sobre o que não seria/fora pensado, caso seu olhar não estivesse disponibilizado/disposto a ver.

Em diversos casos, esse olhar é desperto por várias perguntas. Por vezes, as consciências em contato já nos mostram, sem perguntarmos, o que é mais relevante para nosso momento atual. Por vezes, muitas respostas para a pessoa que perguntou são devolvidas com perguntas para ela, pois o Akasha pode não dar a resposta que você queira "ouvir", mas pode indicar o caminho das ações necessárias para o SEU tratamento/discernimento, já que a jornada da evolução consciencial é sua.

Ou seja, Registros Akáshicos não são apenas um livro que nos "conta" histórias sobre nosso passado: quem fomos não é mais o importante, mas é parte de quem somos. Essa reflexão movimenta nosso Campo Mórfico, e isso trará novas possibilidades de realização física e consciencial.

Esse desvelar de fatos e ensinamentos acontecerá por diversas formas, por diversos códigos e meios, sempre tendo em vista que o mais importante não é o interlocutor, nem o código, mas, sim, a informação. Esta sempre será mais importante do que o canal. Por esse motivo, nem sempre as consciências em contato se mostram ou mesmo se identificam. Ao longo do treinamento de seus acessos, você nem sempre verá "alguém"... Poderá apenas perceber essa consciência.

Assim, é importante entender que o informante – seja você, seja a consciência que se apresenta – não pode ser mais relevante do que a informação, e que a isenção deve ser o elemento norteador de uma consulta ou de um contato com os Registros Akáshicos. Ao longo dos capítulos, você será guiado(a) a entender esses fatores como um processo.

No Askasha, não apagamos nada, todavia, "agimos" sobre algo que reverbera no que, em árabe, entende-se como *Maktub*, ou seja, algo que já estava escrito ou que deveria acontecer. Esse termo "deveria" nos remeter a diversos caminhos possíveis, e eles podem ser apresentados pelas consciências do Registro Akáshico, sempre que necessário.

Por esse motivo, a pergunta: "qual é minha missão de vida" nem sempre é respondida com os louros que a pessoa espera, nem com a coroa de espinhos que a pessoa não espera, a fim de que o ser encarnado entenda que não precisa haver uma missão, contudo, precisa haver propósito; e que não há uma única missão, mas, sim, várias.

É importante entender que ninguém sairá com complexo de realeza reafirmado ou com complexo de "vira-lata" confirmado.

Esse acesso também permite entender: o que nossas relações agregam em/afetam a vida dos outros? O que as vidas dos outros agregam na/afetam nossa vida? Perceba que o foco sempre será investigativo, o que levará a um novo pensamento, e isso resultará em novas possibilidades no Campo Mórfico.

Depois dessa breve introdução, agora, vou passar a palavra às consciências inspiradoras que, no fim de 2022, levaram-me a entender fatos e a ter um propósito: escrever sobre Registros Akáshicos. É importante passar informação adiante, a fim de movimentar novas consciências, com o intuito, até linguístico, de proporcionar evolução.

Aqui estamos, você, leitor/leitora, meus escritos e todas as consciências uníssonas e cientes de sua busca por mais sabedoria, pelo seu movimento evolucional (pleonasmo proposital).

Antes de findar esta parte, agradeço a todas as consciências, encarnadas ou não, desta e de outras dimensões, que foram base inspiradora e que foram citadas aqui indiretamente, pois elas fizeram e fazem parte da minha jornada.

A elas, todo o meu respeito e gratulação.

A você, prezada leitora e prezado leitor, desejo que faça uma proveitosa jornada!

Prefácio

Os Registros Akáshicos são portais multidimensionais que conectam e acessam diferentes realidades paralelas às do ser humano encarnado e desencarnado. Os Registros, como ideia apenas inicial, estão em 5D, mas acessam e estão em todas as outras dimensões necessárias, pois são um portal, muito mais do que os seres humanos pensam serem: apenas uma biblioteca.

Neste momento, também é importante dizer a você, amado leitor, amada leitora, que há muitos mitos mencionados e até ensinados sobre Registros Akáshicos, os quais serão mais bem esclarecidos nas páginas a seguir, mesmo que você se assuste com as novas realidades que temos para transmitir. O importante é entender que um novo nível de consciência é necessário aos seres viventes, encarnados ou não, mas ainda presos às hostes terrestres, ao mundo instintivo, ao cérebro reptiliano, pois a sua subida é o único caminho para chegar ao próximo degrau da evolução. Nesse interim, vale reforçar que é esta a missão primordial de cada um: evoluir, subir em estado vibracional.

Conhecemos bem uma pergunta muito lançada durante uma consulta aos Registros Akáshicos: "qual é minha missão de vida?". Tranquilamente, nós já a respondemos aqui e agora – sua missão de vida, como espírito que partiu da Fonte Criadora, é evoluir sempre e para sempre, pois somente a Fonte Criadora, na sua infinita inteligência, é um ser de evolução máxima. Como Ela é indescritível e incompreensível pela mente humana, limitamo-nos a dar essa explicação sucinta.

Nesse contexto, cabe a cada um trilhar seu caminho e entender, no silêncio da sua alma, da sua existência, o rumo que deve tomar por si só, por conta própria, evoluindo a cada instante e entendendo melhor o que se passa ao seu redor e, principalmente, no seu interior. Essa é a busca interior que o ser humano deveria fazer antes de tudo, mas ele deixa para depois, em vida, sendo que alguns a deixam até para depois da morte física.

Esse interior, enquanto/quando despertado, é o caminho de acesso aos Registros Akáshicos, os quais são caminho de acesso a muito conhecimento, a várias dimensões e, inclusive, a seres que já foram encarnados na sua egrégora familiar, assim como é possível acessar seus mestres, seus mentores, seus protetores e quem realmente se importa com você fora dos limites físicos da existência. São seres completamente merecedores do seu mínimo agradecimento, mas que, por ignorância humana e por não saber como acessá-los, trabalham em missão terrena, ou de muito longe, mas totalmente no anonimato e em silêncio.

Sim, os Registros Akáshicos são uma grande biblioteca, mas não cheia de livros para folhear... Eles são uma alegoria, uma imagem, já que o ser humano é imagético (será explicado melhor adiante). Os RAs são uma grande e infinita biblioteca de consciências de conteúdo ilimitado ou limitado pela Fonte Criadora, pois cada suspiro seu, cada pensamento, cada visão, cada fato da sua vida, da sua trajetória consciencial estão guardados e armazenados, como se fossem uma grande memória do próprio Ser Criador, pois Ele cuida de cada um de modo individual, e ao mesmo tempo coletivo, como um inventor cuida da sua invenção. O detalhe é que Ele tem muitos propagadores de seus princípios, emissários/guias (com diversos nomes no orbe terrestre), no sentido de que cuidam de cada um segundo sua fé/confiança, e até daqueles que não acreditam em nada.

Isso quer dizer que, caso acreditem, terão mais contato com o mundo além-físico; do contrário, viverão suas vidas quase desconectadas dessa realidade fecunda e infinita que é comum a todos, adiando suas evoluções, por livre escolha, o que é totalmente respeitado. Mesmo assim, serão cuidados de "longe". Ainda, há os que acreditam em algum grau, mas entregam seus próprios entendimentos a outras pessoas que, por vezes, são mais cegas e menos evoluídas do que quem as busca, o que é totalmente respeitado. É como um cego buscar ajuda com quem pouco enxerga.

Ao mesmo tempo, há outros que são os buscadores no universo interno de si. Esses, sim, encontrarão algumas respostas nunca encontradas, desde que elas estejam no ponto de serem proferidas, sempre de acordo com seu merecimento e necessidade naquele exato instante do acesso aos Registros Akáshicos.

É por esse motivo que recomendamos, antes de mais nada, que cada leitor/leitora desta obra treine MUITO o acesso aos seus próprios Registros Akáshicos, pois há bastante o que ser treinado e entendido antes de ler para alguém externo.

De antemão, já deixamos uma primeira pergunta a você: por acaso, você sabe identificar a diferença entre o que é seu pensamento e o que é frase que lhe chega de fonte externa?

Se a resposta for negativa, deixamos outra pergunta: se não há essa clareza, como você quer fazer um curso de dois dias e já sair "lendo os Registros Akáshicos", a partir do terceiro dia, para alguém? Como você quer dar/vender "consultas" no terceiro dia, após seu primeiro contato com os Registros Akáshicos? Percebe a grande irresponsabilidade?

Como se diz no mundo não físico, tudo precisa de treinamento... Mas, como se entende no mundo real, aí na 3D, tudo é para ontem. Do lado de cá, dizemos que, como não vivemos a linha temporal terrestre, não há pressa, não há passagem de "tempo". O que há é o agora e o que precisamos fazer neste exato "instante". Logo, rogamos que leia esta obra com calma, anote, reflita e não tenha pressa, pois o caminho não é curto, e a viagem será proveitosa se for feita com respeito, dedicação e comprometimento, aproveitando cada estação, paragem e paisagem nova onde surgir cada detalhe.

Além do passo certo na hora necessária, é preciso ter comprometimento. Isso não é abrir os Registros Akáshicos a cada mês... Essa prática esparsa é preguiça.

Imagine-se treinando para uma competição desportiva... Você treinaria uma vez por mês?

Se a resposta for positiva, como quer aprender a discernir entre o que é mensagem sua e o que é mensagem de dentro do Registro Akáshico com esse parco treinamento?

Por fim, neste Prefácio, pare e pense... "É isso mesmo que quero para mim?"

Se a resposta for positiva, pergunte-se: "Estou motivado(a) a fazer minha 'tarefa de casa', que é abrir o registro muitas vezes antes de atender alguém?"

Pense também quando a ansiedade se mostrar presente: "se eu nem sequer entendo de onde vem a mensagem, como vou saber passá-la para outra pessoa que muito aguarda esclarecimento?". Esta será sua primeira tarefa: **aprender para si**.

Em seção oportuna desta obra, ensinaremos como interpretar a origem da informação que pode chegar de diversas formas e que, desde já avisamos, não será um simples entrar numa biblioteca antiga, pegar um livro e lê-lo. Já também avisando de antemão, isso praticamente é um fato raro dentro dos Registros Akáshicos, bem como uma forma de comunicação entre a Mente Superior e você, leitor/leitora. Pode acontecer, sim, como aconteceu com o escritor deste livro, durante seus primeiros acessos, os quais foram e estão escritos em dezenas de folhas, como uma psicografia. Só depois de um bom tempo, foi pedido que ele gravasse o que via, ouvia e lia. Tudo foi, é e continua sendo um processo.

Enfim, tudo será um caminhar, tudo será uma trajetória passo a passo, e é por isso que estamos aqui, com você, enfrentando essa nova missão em nossas existências conscienciais: temos que ensinar e fazer florescer novos frutos. Além disso, em cada um de vocês deve haver raízes mais longas, mais fortes e galhos mais viscosos de suas árvores da vida, a fim de que contemplem o mundo tangível e o mundo intangível com segurança, respeito, qualidade e honestidade, sem mistificar, nem inventar e sem deturpar o que precisa ser falado, nem alienar a pessoa, consulente, aos seus caprichos ou, ainda pior, aos seus anseios financeiros.

Estão avisados. Você está avisado(a).

Seja honesto(a) consigo mesmo(a) e com as pessoas que o(a) procurarão, assim o caminho de luz se fortalecerá à sua frente, mais do que imagina, pois é à Fonte Criadora dos Universos que devemos obediência e gratidão, por ser a fonte primordial das informações, passadas como luz que enche a escuridão de tudo e de todos, pois, como já dizia um grande pensador terrestre, "não há escuridão, o que há é ausência de luz".

Que a luz se faça em sua vida e na vida de tantos que ainda você ajudará.

Conte conosco.

O. C. C. S. C.

Capítulo 1
Origem das Informações

Como explicado no Prefácio, somos e vivemos em um mundo de consciências e em vórtices conscienciais diversos, entrelaçando realidades paralelas, pois a energia do Akasha é a fonte de tudo o que se vê e não se vê, do que se imagina e não se imagina, mesmo que não se acredite nela. É fato que muitas realidades não existem como válidas na consciência humana encarnada, mas sempre existiram e continuam existindo, independentemente da aprovação "humana".

Para isso, o escritor desta obra, em 2013, em resposta a um jovem impetuoso que queria desmerecer totalmente sua fé, sua crença em algo superior, recebeu uma pequena história, uma pequena alegoria, que explica bem essa situação...

"Imagine uma sala escura... Eu já estou lá e você tem que entrar. Eu não emito qualquer sinal e não há qualquer traço meu que seja detectado pelos seus cinco sentidos. Você não tem lanterna, nem nada que modifique a escuridão total por alguma luminescência. Você, sem noção, vai tateando as paredes, a fim de encontrar a entrada e consegue adentrar o recinto. Fica a pergunta: só porque você não teve qualquer contato comigo, eu não existo e eu não continuo existindo, antes e depois da sua entrada?"

Voltando, isso explica como o conhecimento humano é limitado, assim como suas crenças. Pense conosco... Quantas vezes, ao longo da sua vida, você já mudou suas crenças e seu modo de crer, de pensar, de ver?

Sobre seu conhecimento e suas crenças, o autor desta obra também recebeu, por volta do ano 2018, outra alegoria. Trata-se de uma lanterna, a qual complementa a anterior e fora utilizada para explicar como "funciona a Ciência", no orbe terrestre, para alguns alunos:

Se conhecimento fosse representado pelo foco de uma lanterna, iluminaria uma parte, mas não conseguiria alcançar o todo. Como? Imagine um foco redondo de luz dentro de uma imensa sala de possibilidades, praticamente infinita. O que você já conhece é exatamente o que sua lanterna ilumina... Logo, o que sua busca de conhecimento causa é o aumento do foco dessa lanterna, abrangendo mais áreas e conteúdos que sempre existiram e até estavam bem próximos de você, mas ainda não estavam iluminados pela luz da sua própria consciência. Não estavam esCLAREcidos. Quanto mais busca, mais você aumenta seu foco, mais coloca luz sobre as sombras da ignorância e mais tem a certeza de que não há um fim, um último aprendizado. O que há é apenas um último passo antes de outro... do próximo. O que há apenas é o fim de um ciclo.

Voltando ao tópico de que o Akasha é a origem, é o elemento primordial, caso você queira interpretar isso como a energia/vibração original, que assim seja. É como a bem conhecida alegoria do barro, em latim: *"de pulvere venimus in pulverem revertemur"*, isto é, "do pó viemos, ao pó voltaremos". Como, àquela época, não se sabia muito a respeito do mundo não tangível (até hoje isso perdura), era normal escrever por meio de metáforas e alegorias, as quais muito serviram para entender o que há de mais puro/original no mundo, por meio de mitos. Por isso, em cada época histórica da Terra, as civilizações usaram figuras e materiais de Registro condizentes com suas realidades.

Sim, sabemos que seu corpo físico se transformará, mas, pense conosco: ao abrir um sarcófago, é "pó" que encontra dentro dele, depois de a carne completar sua transformação natural?

Entende o porquê de ser uma alegoria (modo indireto de representar algo ou uma ideia sob a aparência de outra)?

Ela quis ensinar o seguinte: vocês são formados a partir de uma Fonte de origem energético-vibratória, única e a Ela voltarão. Assim, entenda o motivo pelo qual descrevemos que o Akasha é o início e o fim de tudo, o que condiz também com outra passagem terrestre, quando houve uma consciência muito evoluída que se declarou como Alpha e como Ômega, como o próprio princípio e como a finalidade do Criador.

Ela não estava errada e quis também ensinar que tudo o que existe, no mundo tangível ou intangível, é formado a partir de uma partícula Divina do Criador. Com Ele sempre estaremos em contato, a Ele "retornaremos" no sentido vibratório, não no sentido físico como a mente humana (mal) entende. Como disseram em outros textos, "todos somos um, mas não somos os mesmos", pois a consciência é subdividida em existências, funções, aprendizados, ensinamentos, já que a subdivisão é feita pelo próprio Criador com diferentes intenções e tensões, em diferentes momentos.

Apesar de aqui, no Akasha, não haver o tempo de vocês, precisamos usar essa linguagem para que entendam que tudo o que é formado pelo Criador não é ao mesmo "tempo". Por isso, tudo segue o mesmo caminho de evolução (transformação/mudança gradual ao longo de um período/uma jornada), mas em estágios diferentes. É dessa forma que peregrinam a orbe terrestre e outros planetas, outras dimensões, constelações e outras galáxias, bem como tantos outros corpos astrais/vibracionais conhecidos ou muito desconhecidos até. Como também dizia outro pensador terrestre, "a única certeza é a mudança".

Esse é o destino de todos, e os Registros Akáshicos servem, ao Divino Criador, para auxiliar exatamente como uma "gravação" de tudo o que a trajetória daquela Sua parte individualizada, em algum momento, passou ou deixou de passar, fez ou deixou de fazer, aprendeu ou deixou de aprender, dado que não há melhoria nem crescimento sem ajustes. Por vezes, é preciso que o inventor "aperte certos parafusos" para a máquina andar sem frouxidão. Por vezes, a frouxidão é necessária, para que se "aprenda, vivendo".

No mais, entendam a fonte dos conhecimentos como a própria Fonte Criadora. Porém, para acessar certos conhecimentos autorizados por Ela, há caminhos e hierarquias para isso, há canais de acesso para isso, e os Registros Akáshicos englobam todos ao mesmo tempo, sem serem melhores do que nenhum, assemelhando-se a um corredor gigantesco com infinitas portas ou portais, como você quiser chamar. Abrir cada uma/um, assim como adentrar seus mistérios, depende de autorização.

Novamente, vamos citar uma parte daquele livro sagrado, a respeito do qual muitos seres humanos têm suas desconfianças; não nos importa. O que é relevante é a mensagem, não o mensageiro, o elemento difusor...

> **7** Peçam, e será dado; busquem, e encontrarão; batam, e a porta será aberta.
> **8** Pois tudo o que pede recebe; o que busca encontra; e àquele que bate, a porta será aberta.

Batam, pois.

Em cada porta/portal, há uma vibração, um trabalho específico, um tipo de informação. As portas são abertas conforme a necessidade daquele ser que pede pela abertura, não sendo liberadas informações além das suficientes para aquele momento presente do ser vivente, encarnado ou não. Você, leitora/leitor, deve saber muito bem que os ensinamentos que transcendem o *modus vivendi* terreno, ordinário, também são buscados por consciências que estão sem um invólucro físico na 3D.

Vale ressaltar que os Registros Akáshicos estão disponíveis a quantas forem as infinitas faces e possibilidades da Fonte Criadora.

Caso você não saiba, todo aprendizado realizado na Terra também é aproveitado por aqueles que merecem ou se interessam por isso no plano espiritual, já que há uma coligação muito forte entre a 3D e a 4D, a qual também é lugar para imensa quantidade de seres que ainda não encontraram conhecimento nem evolução suficientes para adentrar a 5D e acima... Segundo uma conhecida e elevada consciência que viveu na Terra, estima-se que existam em torno de 30 bilhões de seres encarnados e desencarnados no que vocês chamam de Terra – nós chamamos de Sistema Terra, pois não engloba só o que vocês supostamente veem (nem sempre enxergam).

Esse fator de "elevação" pode levar décadas, centenas e até milhares de anos terrestres. Para nós, porém, são um nada perto da imensidão atemporal que sobrepõe o entendimento de vocês agora. Por esse motivo, não podemos nem devemos entrar em muitos detalhes.

Apenas imagine que os Registros Akáshicos, como já foi escrito aqui, não são uma simples biblioteca com um livro que contará sua vida ou a de seu consulente. Eles são o contato multidimensional e multidialetal entre diferentes realidades. São acessados/usados por diversos oraculistas, entidades, médiuns e "videntes", desde tempos remotos da história terrena, a perder de vista no "tempo do calendário", muito antes de um calendário existir, até o presente dia, e ainda muito além.

A diferença entre esses povos mais primitivos e vocês, da atualidade, é que hoje há muitas distrações externas que os impedem de "buscar dentro de si a resposta e a força para encontrar a saída", como já disse outra grande consciência que também viveu como ser encarnado aí na 3D.

Não citamos nomes não por motivo de direitos de fala/conteúdo, não para não enaltecer nem defender uma ideologia/linha de pensamento, mas porque essas consciências foram unânimes em passar o que de melhor tinham, o que podiam, sem se importar com seus rótulos humanos. Pesquise e compare: os conteúdos mais relevantes vêm de fontes nem sempre consideradas importantes. Mesmo que você ou outros não as considerem relevantes, a mensagem continua sendo repassada por séculos e séculos, em latim: *"in saecula saeculorum"*.

Os rótulos, deixamos que os humanos valorizem. A quem for desperto, essas consciências, que muito contribuíram com a evolução das consciências humanas, deixam que entendam e que usem, da melhor forma, seus ensinamentos para que evoluam sempre e constantemente, ou não, ainda que também utilizem para promover a evolução de quem as busca. Como sempre, a escolha é de quem os recebe.

Bem, agora que já você tem uma ideia de qual é a origem dos conteúdos "lidos" nos Registros Akáshicos, saiba que a fonte não é acessada diretamente, pois há os Senhores dos Registros Akáshicos, como um nome referencial, visto que essas consciências elevadas nunca se denominaram por alguma alcunha ou denominação, pois são consciências extremamente elevadas, às quais nenhum "leitor" terá acesso direto.

Entenda: da Fonte Divina chegam ordens, permissões e conteúdos, repassados aos Senhores dos Registros. Eles, por sua vez, repassam as mensagens permitidas ao momento do/da consulente às consciências do Registro (aquelas que fazem o contato direto com quem pede a leitura), que as repassam aos responsáveis pela "leitura", chamados comumente de Leitores dos Registros Akáshicos. Tudo isso segue uma linha equilibrada, uma hierarquia e uma necessidade para aquele momento do ser que pede esse auxílio, que bate à porta.

Nenhuma palavra a mais ou a menos será "dita", pois a Mente Divina não erra em quantidade, qualidade, teor, volume ou peso que a informação se fará sentir, nem na importância daquela mensagem para o momento em questão.

Tudo o que é liberado é na medida certa, na "hora terrena" certa, segundo merecimento e necessidade do consulente (de si mesmo ou de outrem). Só para frisar, todos os seres que fazem contato com os Registros Akáshicos são consulentes, porque estão consultando as consciências Akáshicas.

Em vista disso, reforçamos, desde já, que não há informação a menos ou a mais: o que há é aquilo que você ou seu consulente precisam saber agora, para ajudar no hoje, em razão de que, como bem se diz na Terra, "o futuro ainda não existe e o passado já se foi".

Ainda, dentro desse Campo Mórfico, há seres "chamados" de Guardiões do Akasha ou dos Registros Akáshicos. Sim, eles zelam pelas informações, como soldados que guardam uma fortificação, e, muitas vezes, os preletores são confundidos com eles, o que, para nós ou para eles, não faz a mínima diferença.

Ou seja, não fique aqui anotando quem é quem... Apenas viva a experiência, aproveite o contato, as informações passadas e perceba a relevância delas, seguindo no caminho da luz para encontrar a paz, a qual se traduz em equilíbrio, não em letargia (sono profundo). Mesmo que ela seja "só" em espírito, é seu único e maior bem que o/a trará de volta à origem e que você, consciência, carrega como marca de sua individuação ainda necessária em parcela considerável de dimensões/missões.

Por fim, neste capítulo inicial, queremos deixar claro que as informações são como luzes enviadas pela Fonte Criadora às suas (de quem lê) trevas, sombras e dúvidas, aos seus medos e a tudo o que de mais, ou de menos, obscuro há em você e na sua trajetória como consciência em sua jornada, encarnada/desencarnada, como Consciência também

Divina. Quanto ao termo Divina, entenda como Sagrada, posto que não estamos nos referindo a dogmas de nenhuma religião/ideologia terrena.

Sob outro aspecto, esta é a base da misericórdia do Criador: dar chance a todos, a fim de que tenham as mesmas oportunidades de evolução. A misericórdia, como entendida no orbe terrestre, é quase/mais uma "desculpa" do que uma finalidade em si. Agora, como cada um vai aproveitar é por escolha de si mesmo ou de si mesma.

Por esses fatores, compreenda que há uma só origem, porém diferentes evoluções, missões e até revoluções dos mais céticos ou dos mais aguerridos/revoltados por um anseio próprio de querer que suas vontades/verdades estejam acima das dos demais.

Pense conosco... Se todos vieram da Fonte Criadora e para ela voltarão, ainda na individuação (particularização ou singularidade), como querem estar acima dos outros?

Está mais do que na hora de entenderem que não é o caso de se sentirem acima/abaixo, mas de se enxergarem/estarem mais adiante ou atrás na mesmíssima estrada, cada um em sua jornada particular.

Não há melhor nem pior, há mais adiante ou mais à retaguarda.

Os caminhos são *sui generis* (únicos), apesar de em diferentes formas, com diferentes aproveitamentos, com excessos ou faltas deles, mas todos olhados com o mesmo cuidado pela Fonte Criadora, porquanto é como se Ela olhasse para um ser individuado como verdadeira parte de si, assim como é, assim como são.

Pensando bem, ninguém na Terra gosta de deixar uma parte do seu corpo físico em estado precário, certo?

Em uma forma muito simplificada e alegórica, é como a Fonte Divina enxerga cada um. Por esse motivo, propicia momentos, ferramentas diversas e caminhos variados para que todos se apresentem da melhor forma, cada dia mais (para quem vive em dias e em noites).

Quem vive uma experiência de acesso aos Registros Akáshicos aprende que tudo é uno e múltiplo ao mesmo tempo, e que todo conhecimento é uma soma que pode e deve ser dividida com os demais, desde que interessados nele.

Como aqui já foi descrito, não há convite, mas há impulso que fez você estar aqui, e que já esteve ou estará em outros tantos campos do conhecimento. Isso acontece não por você ser mais ou menos iluminado(a), outrossim por ser buscador(a) e estar batendo à porta de mais esta partícula de "iluminação" em relação ao que ainda há de surgir na sua caminhada.

O problema é que o impulso chega a muitos, mas nem todos abrem o invólucro... Cai a chuva e desfaz o que estava escrito.

Pense... Quantos presentes a vida tentou lhe dar e você deixou a água levar?

Seja muito bem-vindo(a) a esta nova chance de entender a si mesmo(a), melhor do que antes, melhor do que por via de alguma denominação/algum dogma, os quais não estão errados em si, mas podem estar interpretados à luz de quem mal sabe ler. Seja você o(a) intérprete, compare, pense e repense. Construa SUA jornada, "expanda o foco da SUA lanterna" e ajude a clarear o caminho de outrem.

Essa é a diferença entre um acesso aos Registros Akáshicos e a leitura de um alegórico livro: aqui, passamos mensagens diretas, objetivas, prontas e rápidas. Isso impede que seu julgo modifique as mensagens e sua mente criadora invente o que não é imperioso para seu momento ou de alguém que procura ou que procurará sua leitura. As mensagens serão como sementes que germinarão em sua alma, em sua essência, em sua Divina Consciência. Em verdade, agora, podemos mudar o nome de "leitura" dos Registros Akáshicos para recebimento das informações dos Registros Akáshicos.

A alegoria do livro e da biblioteca "nos" é impressa, sim, mas não passa de uma distante realidade que mais tem a ver com causar interesse do público do que entender que as informações são conscienciais, não físicas. Também é cabível entender que elas serão passadas por diversas formas/meios/suportes e por vários seres, em/de diferentes dimensões, desde que, naquele momento da sua vida ou de outro, sejam realmente relevantes.

Outro fator a ser ponderado é que nem sempre a linguagem dos transmissores das mensagens será arcaica, sóbria, taciturna (sombria). Como cada um de vocês pertente à Fonte, e como cada interlocutor/fonte acompanha seu desenvolvimento, por vezes, vocês encontrarão alguns trechos de linguagens mais simples, mas nunca negativas, maliciosas, pervertidas, pois isso não faz parte dos Registros enquanto vibração. Podemos manipular vibrações de alguma forma, nos trabalhos que temos de realizar para fazer o já citado ajuste na caminhada. Contudo, o tom desta parte deste texto é o teor, o conteúdo da mensagem, a fim de que, em certos momentos, ela se adapte à linguagem mais inteligível possível a quem recebe, só que sem jargões de cunho desnecessário.

Como somos diversas consciências e como cada acesso aos Registros Akáshicos pode abrir contato com várias delas, independentemente e ao mesmo tempo, é normal que o estilo de "fala", por assim dizer, mude ao longo da mensagem. Tudo depende do motivo pelo qual a mensagem está sendo transmitida, com autorização das hostes mais elevadas, e da necessidade de entendimento de quem as fala/transmite e de quem as recebe.

Lembramos que tudo é para fazer o receptor caminhar adiante e não para servir como julgamento dos seus erros, já que, em Terra, julgamentos são fato corriqueiros e constantes. Ou seja, já há quem bem os faça em nosso lugar.

O intuito principal de um acesso é levar luz à escuridão das razões que os fizeram acontecer, a fim de que novas atitudes sejam tomadas, ou não, sempre com anuência de quem as recebe, pois o caminho de cada um é realizado pelos seus próprios pés, ao que, na Terra, dão o nome de livre-arbítrio.

Alguns, no orbe terrestre, ainda acham que o livre-arbítrio não existe, mas é só pensarem... Nunca tomaram uma decisão que fora equivocada ou muito bem acertada?

Como se diz também no livro sagrado, "na casa de meu Pai, há muitas moradas". Entenda moradas como estradas, escolhas, possibilidades... Todas levam a um destino só: à Origem, porém escolher quais serão percorridas é a chance que a Origem dá a cada um, num ato de misericórdia, como já explicado.

Essa palavra, misericórdia, é muito mal compreendida por muitos, pois acham que o Criador tudo perdoa... Em verdade, Ele tudo entende, já que sabe todas as suas limitações. Se tão simples fosse, na totalidade da palavra como é mal compreendida no orbe terrestre, ninguém aprenderia nada com os erros próprios, pois, em tudo, seria "passada uma borracha".

Visitemos, pois, um livro muito conhecido, mas pouco usado: o dicionário: "a palavra misericórdia tem origem latina, é formada pela junção de *miserere* (ter compaixão), e *cordis* (coração). 'Ter compaixão de coração' significa ter capacidade de sentir aquilo que a outra pessoa sente, de aproximar seus sentimentos dos sentimentos de alguém, de ser solidário(a) com as pessoas".

Entendem a grande diferença?

Esquecem-se de que, mesmo que misericórdia fosse o perdão total e irrestrito, o vocábulo perdoar é uma remissão, não um apagamento por completo. Ou seja, é uma diminuição do sofrimento ou do cansaço, como se algo ou alguém tirasse das suas "costas" um fardo muito pesado, por exemplo. Só que... deixamos uma pergunta: Ele deixaria de existir?

O que acontece é que a misericórdia pode ser mais bem entendida como "nova chance". Ou seja, a cada erro seu, é dada uma nova chance de você refazer a SUA lição/prova/tarefa e de, esperamos que muito brevemente, acertar o trajeto e seguir adiante, não de retroceder nas suas próprias pegadas e de voltar a cometer o que deixou para trás.

Agora, prezada leitora ou prezado leitor desta obra, percebe como há muito o que aprender ainda sobre suas realidades vividas e não vividas, ditas e não ditas?

Percebe o motivo pelo qual nem todos seguem os impulsos do altíssimo? Porque querem tudo pronto e para já. Porque nem todos querem compreender o que precisam para seguir adiante. É como se gostassem de um local de paragem no meio do trajeto e como se quisessem ficar ali para apreciar a paisagem local, esquecendo-se da sua missão...

Imagine se um mensageiro na guerra fizesse isso? Ele não poderia colocar em risco a vida de milhares ou até de milhões por uma mensagem não chegar ao seu destino?

Agora, imagine quantos estão perdendo tempo de construir sua própria mensagem de vida... sua trajetória, sua estrada... Contrariamente a isso você está aqui, abrindo seu envelope e escrevendo mais um capítulo da sua nova consciência de vida terrena e não terrena. Afinal, isso é o que você levará embora, em boa hora, após seu desencarne. Seu desligamento desse invólucro denso, chamado corpo físico, o qual é importante como os limites laterais de uma estrada, serve como guia para a caminhada adiante, mas não deveria representar o objetivo final de uma existência. Caso contrário, os caminhantes darão mais valor às paragens, nas beiras da estrada, do que ao caminho à frente.

Olhe para o destino e não apenas para as pedras ao chão. Dê valor a cada passo e não só às paradas para descansar.

Sua consciência nunca dorme nessa caminhada, apenas adormece; outras adormecem por tempo demais. Está mais do que na hora de se manter desperto.

Capítulo 2

O Despertar de Si Mesmo(a)

Muitos pensam que Registros Akáshicos são fontes distantes de conhecimento e estão, de certa forma, corretos, pois não estamos na sua dimensão, mas a partir da 5D e, como já foi citado, acessamos todas as outras dimensões de luz, da luz e para a luz.

Não vamos citar o trabalho de seres de Luz nas "camadas mais densas do Universo". No entanto, você sabe que essas faixas vibratórias existem e que há seres que "cuidam" dessas porções frequenciais.

Por estarmos e por trabalharmos em faixas vibratórias de Luz, isso garante que nenhum trabalho dentro dos Registros Akáshicos pode ser acessado por seres inferiores, tampouco por pensamentos inferiores de vingança, ódio ou outras vibrações ainda piores. Não há riscos, porque, ao trabalhar dentro da Lei, não há exceções.

Quando temos que passar uma informação supostamente "dura", no sentimentalismo humano, é porque ela tem um propósito de despertar, na sua pessoa ou na de seu(sua) consulente, o que de melhor ele(a) pode/precisa fazer por si mesmo(a).

Sim, essa é a base para o autodespertar: fazer, realizar.

A Fonte Criadora, em seu infinito entendimento, deixou uma mensagem muito importante em um livro sagrado: o maior templo de uma Divindade/Deidade é você mesmo, é você mesma. Não adianta procurar o templo mais rico, mais cheio de detalhes dourados se, dentro de si, não há a presença da Sua Luz.

Logo, o treino mais importante para acessar os Registros Akáshicos é saber silenciar... ouvir a si... Ou mesmo não ouvir mais nada, como os antigos iogues faziam. Isso é um treinamento que leva tempo, mas é possível.

Neste mundo turbulento em que vivem, é mais do que necessário acessarem seus Registros e, dentro deles, ouvirem primeiramente o silêncio que é a própria palavra da Origem em suas vidas.

Se você não acredita em um Deus, com esse nome, acredite na Força Universal que gera tudo e todos. Creia numa vibração essencial, numa Essência. Seja como for, apenas creia e sinta a vibração reconfortante d'Ele agora mesmo, como um abraço de Luz que desce do firmamento para sua vida, a fim de que você sinta que também é importante, tanto quanto qualquer ser criado a partir da Fonte Criadora, a qual também já foi citada no primeiro capítulo.

Por outro viés, entenda, desde já, que não adianta fazer um curso de dois dias e tentar atender pessoas, se nem mesmo a si mesmo(a) você "encontrou" em seus próprios Registros Akáshicos. Como já dissemos aqui, você é parte dos seus Registros e não o contrário... Você é uma parte do todo, não o contrário.

Logicamente, deixamos aqui a mensagem de que treinar a abertura de Registros Akáshicos para si mesmo(a) é o primeiro passo para o contato, com o intuito de ajudar outras pessoas.

Esse é um passo primordialmente importante, pois levará você a um entendimento de si, das suas dores, dos seus desafios, das suas soluções e das ações que precisam ser realizadas, para que essas soluções/evoluções se façam presentes no seu dia a dia. Elas representam uma ínfima parte na sua existência como Consciência também Divina, pois foi formada a partir da Fonte Divina, seja qual nome você dê a Ela.

"Ah, mas e os seres conhecidos como não positivos?", alguns podem indagar.

Como já explicamos, a Força Criadora tudo permite e tudo vê; sua misericórdia infinita está no fato de Ela dar chance a todos e oportunidades a tudo: inclusive de se esconder nas suas sombras e de se reconciliar com a luz. Alguns escolhem se afastar da luz, mas a luz jamais deixará de buscá-los, mesmo de longe.

Como você, leitor/leitora, já deve ter lido em outros livros, mesmo os mais negativos já relataram seus arrependimentos e suas caminhadas para a luz em algumas outras obras de importantes autores. Ou seja, tudo é permitido para sua experiência pessoal, a fim de que você torne seu templo pessoal mais iluminado ou mais nebuloso, conforme suas próprias escolhas.

Estar aqui, lendo esta obra, já indica que sua escolha está mais ligada à luz, mesmo que as trevas se espalhem por algumas áreas de sua vida.

Assim é o trabalho dentro dos Registros Akáshicos: depois de entenderem quais são suas obscuridades, por que motivo existem, para que (ainda) existem, é hora de autorizarem a atuação dos Mestres dos Registros, a fim de que o que é permitido seja iluminado, com intenção de que não atrapalhem mais sua caminhada para adiante, cada vez mais para a Luz.

Perceba que essa caminhada será/deverá ser de silêncio, paz e contemplação de muitos fatos até não tão iluminados, já esquecidos, longínquos; como num abrir de portas que estavam fechadas, até por vergonha de si, mas que, ao serem abertas, recebem o bálsamo de Luz Divina, de maneira a serem limpas da escuridão da ignorância e dos desvios cometidos. Sim, são necessários redenção, resgate, auxílio e libertação, por assim dizer.

Por essa razão, já escrevemos aqui que os Registros Akáshicos, por vezes, começam e passam por caminhos que parecem não condizer com suas expectativas, ao abrirem os acessos. Mas tenha a certeza de que cada pegada do caminho, por vezes até muito estreito e dolorido, é para levar luz a quem está nas sombras, água a quem tem sede e alimento a quem busca, na Fonte, seu maná mais precioso: o que podemos chamar de amor Divino. Não se trata da palavra, por vezes, piegas e usada até em situações menos reluzentes. Por falta de um termo mais apropriado em sua língua portuguesa, utilizamos o que nos "cabe" ... em verdade, não é uma sensação para ser descrita, mas para ser vivida.

Entende, agora, por qual motivo falamos que fazer um acesso aos Registros Akáshicos não se trata apenas de entrar em uma biblioteca, abrir um livro bonito, bem encadernado, e ficar lendo sobre suas "façanhas" ou sobre suas "desventuras" do passado? Não é. Vai muito além disso, em razão de essa atitude não ter ação concreta sobre "o que é mais importante para você neste seu atual momento de vida". Sim, nós sabemos que "essa parte" é repetida em vários trechos do livro. Sim, é proposital.

Com base nisso, também partimos para a explicação do motivo de nem sempre ser respondida a pergunta: **"qual é minha missão de vida?"** A missão de vida de cada um, AGORA, é entender-se melhor, contemplar acertos para reafirmá-los e erros para ajustá-los, colocando-os como seguros degraus na escada da ascensão, a fim de que um novo degrau seja atingido, construído por você.

Por vezes, dependendo do indivíduo, esse processo do encontro consigo mesmo levará algum tempo: dias, semanas, meses e até anos... Isso é para desanimar você? Não.

É para explicar: o que é urgente é seu entendimento, o que é imediato é sua atitude e o que é rápido é seu acesso a partir da sua tomada de decisão e consciência, já que cabe a você, e não a nós, pedir esse acesso. Nós já estamos aqui... entende?

Quando dizemos que tudo é possível dentro de um Registro, sim, é possível desde que em concordância com a Luz Divina, mas nem sempre é conveniente. Logo, não é permitido usar esse meio para pedir vingança, tirar proveito de outrem, descobrir algo sobre alguém ou para qualquer outro pedido negativo, pois todo tipo de atividade trevosa sequer chega a surgir, já que, na luz, não há escuridão.

Em vez disso, por que não perguntam às consciências do Registro:

Por qual motivo esses fatos obscuros aconteceram?

Por qual motivo esses fatos acontecem em suas vidas de forma repetida, ou mesmo em sua família?

O que vocês devem aprender com isso?

Quais ações podem realizar para dar um passo adiante?

Lembramos que, por vezes, vocês poderão ver um cenário não tão iluminado, mas a luz à qual nos referimos é a Luz interna de cada ser, não a cor branca, alva, que pode ser só externa, pueril e até inconsistente.

Como foi escrito no livro sagrado: "Ai de vós, escribas e fariseus hipócritas! Sois como sepulcros caiados: por fora parecem belos, mas por dentro estão cheios de ossos de cadáveres e de toda podridão!". Isso dispensa explicações.

Por esses motivos, demos o nome de "O DESPERTAR DE SI MESMO(A)" a este capítulo para você, nobre buscador, nobre buscadora, ter noção de que será uma jornada, e de que não será do dia para a noite, como alguns vendem apenas com intuito financeiro. Essas pessoas deveriam saber o carma a que estarão sujeitas sem tardar... Nós não nos importamos com elas, pois a Lei Maior se encarrega desses "aproveitadores do templo". Como o templo maior é cada um, serão dignos de dívidas por cada ser iludido. Não, nós não nos apegamos apenas a textos de uma ideologia, nós nos apegamos à mensagem que nos interessa, não salientando/exaltando a origem, como já explicamos antecipadamente.

Entenda, portanto, que o processo precisa começar. Caso contrário, nunca esse tempo obrigatório passará.

Os seres humanos têm esse hábito de desanimarem logo de início, mas pense conosco... Se você não começar, como saberá se irá demorar mais ou menos tempo? Como chegará ao fim de um caminho que nem sequer foi iniciado? Como se diz na área teatral, "sua atitude é o primeiro ato do seu espetáculo". Enfim, a decisão é só sua. A ajuda é nossa.

Cabe a você mesmo(a) decidir abrir as portas de si, para que, em breve, possa abrir os portais dos Registros Akáshicos.

Sabemos que, neste ponto do livro, você deve estar nos perguntando: como fazer esta jornada inicial?

É sobre ela que detalharemos nos próximos capítulos, pois, até aqui, você entendeu a origem das mensagens, já derrubou alguns mitos, ultrapassou alguns medos e criou, em si, a coragem para partir ou ficar conosco.

De qualquer forma, sua decisão será respeitada e seu pedido será aceito com o mesmo respeito da Fonte Celestial que nos guia, nos inspira e nos autoriza repassarmos tais conteúdos.

Esperamos, então, que você decida nos acompanhar nos próximos capítulos, com o objetivo de entrar por um caminho de enriquecimento diário e pessoal, para, cheio(a) de Luz, aceitar a capacidade e a oportunidade de ser mensageiro(a) da Luz da Fonte Original para outras vidas, as quais, por ora, estão envoltas em diferentes tipos de trevas, sombras e ideias nebulosas.

Saiba, relembre, aprenda: não se pode doar/repassar aquilo que você mesmo(a) não possui. Percebe agora a razão de essa sua primeira jornada/missão dentro dos Registros Akáshicos ser sobre si?

Sinta-se à vontade para ficar ou partir. Sinta que você é partícula da Fonte Criadora e decida não por razões em palavras, mas por razões que falarão a si mesmo(a) por vibração.

Afinal, luz é vibração, não palavra.

Capítulo 3
A Corrente, o Elo

Muitos nos perguntam se acesso aos Registros Akáshicos tem ligação com viagem astral. Não exatamente. Seu acesso não depende de cordão de prata, de treinos profundos de entrada em transe, nem de desacoplamento da matéria. Tudo é realizado no nível da consciência. Isso é bom ou ruim? Nem bom, nem ruim... é só diferente e indiferente ao mesmo tempo.

Muitos nos perguntam se acesso a Registro Akáshico é como uma incorporação. Não exatamente. Não há conexão e "posse/comando" das suas faculdades físicas nem psíquicas. Não há acoplamento áurico. O que há é conexão entre seu eu pessoal e terreno com seu Eu Superior, em nível de consciências, da Superior/Origem para a parte dela que é você. Por essa razão, já afirmamos que você é parte dos Registros Akáshicos e não o contrário. Esse contato já é realizado por muitas práticas, mas, por vezes, os seres viventes não são instruídos suficientemente para aprenderem a receber mensagens e a conversar com as diversas consciências existentes nos Registros Akáshicos.

Assim como numa meditação, é preciso aprender a limpar os pensamentos e a tornar-se receptiva/receptivo. Isso é importante? Sim! É a base de tudo.

Se, nos seus primeiros acessos, ainda não atingir comunicação, é preciso ir além, pois, quem sabe, faltou só mais um pouco de caminhada para acessar as informações definidas como necessárias a você naquele/neste exato momento de vida.

Isso significa que, se você já pratica técnicas de expansão da consciência, terá mais facilidade? Talvez. Se seu Ego não atrapalhar, julgando que já "sabe tudo de...".

Entenda, por favor, que aprender a acessar Registros Akáshicos é como recomeçar, reaprender, começar do zero. Depois, com o tempo e a prática, suas outras faculdades/práticas já desenvolvidas também serão aproveitadas. E isso explicaremos mais adiante.

"Ah, mas eu não fiz, não faço, nem sei como se faz isso" – acalme-se.

Ensinaremos passo a passo, caminho a caminho, jornada a jornada, pois todas as pessoas merecem receber o aprendizado necessário, a fim de acessarem a si mesmas e, por meio de si, acessarem os Registros Akáshicos.

Sobre expansão da consciência, daremos uma breve explicação agora. Expandir é crescer, correto? Consciência é você (somos nós). Antes de você se engajar como ser humano, formou-se como uma consciência, partindo de uma Fonte Consciencial do todo, como já explicamos. Portanto, expandir sua consciência é, antes de mais nada, expandir a si mesmo(a), é uma ampliação das suas autopercepções e sobre o Universo que o(a) cerca.

Você já ouviu falar que um ser muito divino e iluminado podia ser visto como Luz a dezenas de quilômetros de distância? Sim, ele expandia sua consciência com qual nome você queira denominar. Por esse feito, sabia muitos fatos de antemão, estava em vários locais ao mesmo tempo (também conhecido como bilocação) e podia ler os Registros de tudo e todos a qualquer instante, visto que era e é o representante da Luz Criadora, mesmo que você não acredite nisso. Não nos importa. Elimine o mensageiro, pense na MENSAGEM, como ensinamos reiteradamente aqui. Suas palavras eram certeiras, assim como você ouvirá palavras certeiras dentro dos seus Registros Akáshicos... Porém, avisamos, nem tudo serão palavras e pode haver sons, sensações, imagens, etc., tendo em vista que "há muitas moradas na casa de meu Pai".

Ou seja, nem tudo é uma "cousa" só, e uma "cousa" só não é tudo o que existe no infinito Universo da Fonte Criadora.

Cada acesso que você fizer será um pouco diferente, bem como cada mensagem recebida será um pouco ou até muito diferente em foco, teor, tom e intenção, ainda que você atenda uma pessoa por várias vezes ou abra seus Registros Akáshicos todos os dias. Acostume-se.

O único fator que precisa ser igual é sua vontade de crescer e ajudar a crescer. Essa vontade será alimentada pela própria Luz e será fonte de iluminação de tudo aquilo que, naquele momento, merece ser clarificado e até resolvido.

Não, não será você quem decidirá sobre o que será clarificado ou iluminado, tampouco a consciência será encarregada de lhe passar as informações. Quem decide é a Fonte Criadora, a qual autoriza os Senhores do Registro Akáshico (nunca contatados, como já citamos). Eles repassam as informações para os "trabalhadores", os quais podem ser seres nunca encarnados ou já encarnados, mas já merecedores de estarem em dimensões acima da 5D.

É para cá que queremos que você também venha e esteja. Por enquanto, faça o seu melhor no agora, como já escrevemos. O "agora" também significa "a partir deste momento". [Re]pense.

Por fim, para terminarmos a explicação do **ELO**, entenda que seu elo com os Registros Akáshicos **é você**. Agora, pensamos que já consegue entender o motivo pelo qual seu treinamento pessoal é muito mais importante do que sua pressa, do que seu desejo de atuar para outros e por outros. Sem esse ELO bem reforçado e muito treinado, **cuidado** (!), você pode cair nas agruras da enganação e na superficialidade das **mensagens**, ditas como **fantasiosas**, como **leituras frias** (trata-se de dizer o que a pessoa quer ouvir, dando a impressão de que a entende; ainda, significa perguntar fatos da pessoa para, a partir deles, fazer "leitura" ou falar a mensagem que teria vindo dos Registros Akáshicos), **anímicas** (trata-se da manifestação do desejo do canal/receptor/médium à frente do seu guia espiritual/da consciência em contato, que, assim, atravessa o processo de comunicação, colocando seus conceitos/suas ideias em evidência) e até **desnecessárias**.

"Como vou saber se estou no caminho certo?" – você pode nos perguntar.

Agora, preocupe-se com as práticas que vamos transmitir nos próximos capítulos e faça seu melhor sempre no momento presente. Seus resultados serão fecundos quanto mais responsáveis e constantes forem seus atos em cada etapa.

Capítulo 4
A Escada

Cada um terá uma maneira pessoal de entender que está nos Registros Akáshicos. Ela será tão variada quanto é a quantidade de consciências encarnadas ou desencarnadas. Nas primeiras práticas, é possível que você veja um nada, ouça um silêncio, sinta um vazio, e isso é muito significativo, pois indica que ali são só você e a Fonte Criadora. Não tenha medo, pois, como já relatamos, sua experiência é na Luz e a Luz não permite intromissões de vibrações densas ou deletérias. Apenas viva o que lhe for proporcionado.

Alegoricamente, colocamos o nome de ESCADA neste capítulo, mas alguns vão ter a sensação de descer degraus; outros vão subir; uns vão entrar em uma porta de madeira; outros vão passar por um portal de vidro, cristal ou de metal. Não importa. Importa que você acredite que é capaz, pois já faz parte do Registro Akáshico. Lembre-se sempre disto: você é parte dos Registros Akáshicos, como tudo e todos são.

Ao escritor desta obra, uma vez, em um pedido de leitura de Registros Akáshicos, foi dito que, em certa ocasião, ele não poderia ter seus Registros Akáshicos abertos/lidos novamente, pois os "Mestres" haviam informado à "leitora" que a leitura não fora autorizada.

Buscador e buscadora, isso não é condizente com a realidade, pois, se os Registros tudo guardam sobre a pessoa, quer dizer que **todos** sempre estão **ligados aos RAs**, independentemente de saberem disso ou não. Dessa forma, cuidado para não cair na desinformação e para não transmitir informações equivocadas, inventadas pelo ego ou pelo senso de julgamento próprio. Se nem as mensagens dos Registros se prestam a julgar de modo vil, por que "leitores ou leitoras" fazem isso ainda?

Propagar desinformação não é ajuda, é dívida.

Isso também não quer dizer que, por vezes, não virão mensagens com cunho mais taxativo no que está adequado e/ou inadequado em sua jornada, no sentido do resultado planejado/desejado. Afinal, já foi explicado que a misericórdia Divina garante que você seja capaz de "acertar" e "errar", ainda que seja capaz de ter nova chance de acertar. Sempre.

Mensagens um pouco mais "duras" não são julgamentos, são **alertas**. Se você quiser continuar agindo como age/sempre agiu para com as consciências do Registro, está tudo bem. Continue.

Lembre-se de que você é apenas o canal. Pense num telefone... Ele altera o que a pessoa do outro lado fala? Pronto. Está explicado.

O peso dessas informações cabe a quem as recebe. Quanto mais "pesadas", mais a pessoa sabe (deveria saber) que está em desacordo com o equilíbrio esperado na sua jornada, para mais ou para menos: tanto a falta como o exagero são desvios do equilíbrio. Por vezes, a pessoa que as recebe não está à altura psicossocial para receber tal alerta, mas daí é com ela... É também um motivo (deveria ser) para que ela cresça e saia de sua limitação criada ao longo da vida, com intuito de ouvir que é uma semideusa reencarnada na Terra.

Quando o ego fala alto, a aceitação fala baixo. Da nossa parte, apenas respeitamos, mas não deixamos de dar os recados dos Senhores do Registro a quem quer que seja, por mais que a pessoa não se julgue merecedora de tal mensagem.

Uma semente não é lançada na terra para germinar imediatamente. Com o tempo terreno, a pessoa entenderá o que foi falado e o que precisa/precisava ser feito. Definitivamente, não cabe a nós.

Voltando à escada, entenderam o nome do capítulo? Tanto faz se você irá subir ou descer. Claro que esperamos que você suba/evolua, mas, se decidir descer/retroceder uns passos vibracionalmente, respeitaremos.

Nas primeiras práticas, o que importa é enxergar o vazio de si mesmo(a), num primeiro momento, o qual pode durar poucos segundos ou durar o tempo integral de suas primeiras experiências de contato com sua Origem. Um reencontro com Deus, por assim dizer, ou com a Fonte Criadora, como quiser chamar. O que importa, nesse valioso momento inicial, é apenas sentir e vivenciar, não julgar. Aprenda, então, como silenciar sua mente consciente para que você possa expandir sua consciência da melhor forma, abrindo-se para o novo e para o indissociável que é você mesmo(a) na origem, na fonte, no Akasha.

Por essas explicações, não se julgue nem mais nem menos capaz. Apenas não se julgue. Viva. Não use palavras para entender. Use sua consciência para vibrar na mesma intensidade que o local lhe despertará logo de início.

Nesse sentido, existem algumas práticas bem conhecidas que servem para também acessar esses portais. A diferença básica é que acessarão outras "partes" do Registro Akáshico ou, em algumas delas, ficarão fora dele. Assim, **é importante uma oração, uma chave de acesso** para direcionar a jornada ao ponto certo. Isto também será ensinado mais adiante.

Como primeira prática, ainda não de acesso aos Registros Akáshicos, deixamos a você o seguinte EXERCÍCIO COM LUZES:

coloque-se numa posição confortável, mas não exatamente deitado(a) (após um dia de trabalho, você pode cair no sono e não é essa a nossa intenção);

respire profundamente, inspirando pelo nariz e soltando o ar pela boca. Faça isso por, pelo menos, três vezes, soltando o ar vagarosamente (há iogues que conseguem contar de 1 até 400 ao soltar o ar...);

imagine um raio de luz branca que desce do seu teto, passando, como um feixe, pelo seu chacra coronário (no topo da cabeça), descendo pela coluna, alinhando todos os seus pontos de força, chacras, até encostar no chão;

agora, abra esse raio em um tubo de luz branca e fique dentro dele – pode ser só ao seu redor... Se for expandir, nunca ultrapasse os limites do seu imóvel, não abrangendo "vizinhos";

após isso, imagine que um fogo, VIOLETA, Divino, Consumidor e Purificador, suba do solo onde estiver e ordene, mentalmente, que ele vá queimando todo tipo de vibração que gera incômodo... Faça essas chamas violeta subirem até o teto de dentro dos limites que estão cercados pelo tubo de raio branco;

fique aí por alguns momentos e sinta o pensamento se acalmar, o silêncio interno tomar conta de você; não se pergunte nada, apenas fique...;

depois de alguns minutos, abaixe as chamas ao solo, recolha o tubo de luz, agradeça a *Eu sou o que Sou*,[2] e, por fim, volte para o aqui e para o agora, trazendo essa sensação de paz e de luz, dando uma espreguiçada no seu corpo físico.

Isso é um acesso aos Registros? Novamente, NÃO ainda, mas já é uma forma de aprender a se aquietar. Afinal, como você saberá que está recebendo mensagens que não foram criadas em sua mente se nem sabe silenciá-la? Essa técnica simples também serve para você depurar energias deletérias. Por fim, pode deixar o invólucro de luz e as chamas acionadas... a Lei sabe, melhor do que você, até que ponto é necessário que essa limpeza continue.

Faça essa primeira prática sempre que possível e suba degraus conscienciais a partir de hoje. Alguns podem afirmar que essa primeira técnica é de hipnose. De certa forma, sim, mas a meditação também é parecida, a oração também é parecida, a Ioga também é parecida... Enfim, gastaríamos linhas e linhas para colocar práticas muito parecidas, embora com nomes e cores diferentes. Só quisemos ensinar algo sem elementos físicos. Para quem já sabe se desconectar do dia a dia, isso será "chover no molhado", mas lembramos que estamos aqui para ajudar todos da mesma forma, e ninguém é mais importante ou avançado que ninguém em Registros Akáshicos. Aqui, sua parede de certificados está limpa, o que não anula seus conhecimentos prévios. Eles terão bom uso adiante, mas, agora, você está se prontificando a viver seus Registros Akáshicos, certo? Como já bem dissemos, tudo será um aprendizado do zero para todos.

Por esse motivo, perguntamos: você vai ficar ou vai fugir? Decida-se.

Por fim, é necessário fazer essa técnica a cada leitura de Registros Akáshicos? A resposta é: depende. Se você teve um dia atribulado e sentir que precisa limpar seu campo, sim, faça essa técnica. Ao atender alguém, se não tiver a certeza de que a pessoa estará 100% dedicada à leitura, faça essa técnica. Ela não é para proteção, pois a leitura é feita sob a Luz Criadora, mas é para ajuste vibracional sempre que necessário. Alguns já

---

2. Livro do Êxodo 3:14 ("Eu Sou o que Sou") – 14 Disse Deus a Moisés: "Eu Sou o que Sou. É isto que você dirá aos israelitas: Eu Sou me enviou a vocês". Referência: Bíblia *On-line*. Disponível em: <https://www.bibliaon.com/versiculo/exodo_3_14-16/>. Acesso em: 11 mar. 2024.

viram técnica parecida em outras vivências e isso não é demérito algum. O problema é não saber o objetivo e a função de cada parte dela. A luz branca, como não é novidade, tem a função de trabalhar como limitador/separador em todas as frequências, já que o branco é a união de todas as frequências de cores. O violeta até dispensa apresentações... mas, para quem não conhece, é a cor da transmutação do que vibra negativamente para vibrar positivamente. Só para citar um fato da Física, a frequência da cor violeta é a mais elevada de todas as cores... O fogo, bem... O fogo, elemento primordial usado desde tempos remotos, serve tanto para desintegrar como para agregar o impulso, o calor, a propulsão da vida. Agora você sabe. Use-os sempre que necessário.

Como numa escada... suba degrau a degrau.

Capítulo 5
A Entrega, a Inspiração

Certamente, você está se perguntando se já fez algum procedimento hipnótico; qual a relação entre hipnose, relaxamento e meditação... Sim, há muita relação. Até seu sono comum de todas as noites tem relação direta com esses processos de desligar a mente consciente e de abrir a visão além dos olhos físicos.

Vamos agora explicar um pouco mais o motivo pelo qual esse fenômeno acontece paulatina ou gradualmente.

A expansão da consciência é um fenômeno natural do ser humano, muito estudado por pensadores e pesquisadores de diversas áreas, tanto que, em tempos remotos, foi usada para fins religiosos ou ritualísticos.

A consciência humana geralmente está ligada aos afazeres diários e, ainda mais na atualidade, por serem de diferentes formas, necessidades e intuitos, por eles terem inúmeros disparos por meio de aparelhos diversos, o ser encarnado parece ter perdido a noção de sua composição não carnal, de sua concentração em si, em seu interior. Acaba, pois, ficando preso aos limitados sentidos humanos.

Por esse motivo simples, mas real, muitos procuram diversas técnicas e até jornadas, relatando, depois, como é a rica experiência de procurarem por si em seus silêncios. Uma das formas mais conhecidas, dos auspiciosos que buscam ser "magos", é o Caminho de Santiago. Pense no resultado após caminhar, caminhar, caminhar por longos dias e noites até, em silêncio, contemplando paisagens vagarosas por si só... Ao contrário da correria de seus mundos atuais caóticos e com tanta dispersão, que levam homens e mulheres a se perderem em seus próprios objetivos, missões.

Missões... Percebe por que motivo muitos consulentes procuram o acesso aos Registros Akáshicos para saber qual é sua missão de vida? O motivo é simples: mal conseguem achar suas missões em vida cotidiana, pois, a cada minuto, várias missões pedem sua atenção, tais como casa, filhos, trabalho, contas, diversão, desejos... Fora aqueles que saem do caminho mais construtivo e se perdem em "passatempos" destrutivos, como você bem deve conhecer, mas que não vamos aqui ficar listando, pois a vibração desta obra não nos permite, nem nos interessa realmente adentrar esses campos.

Essa técnica simples do capítulo anterior serve para vários objetivos, dentre eles, o de aprender novamente a respirar. Ela deve ser realizada sempre com respiração mais profunda, inspirando mais rapidamente e expirando mais lentamente. Isso é por acaso? Não. Os iogues sabem disso há muito tempo e o homem "moderno" parece que desaprendeu o simples respirar.

Após, ela serve para um momento de uso de "magia simples". Leia-se magia como movimentação de energias, com as luzes branca e violeta, com o fogo. Sobre isso, é fato que cada luz possui sua vibração e faixa de frequência de atuação, e as cores não são especificamente remetidas a alguma entidade conhecida ou desconhecida. Elas são objeto de uso das mais diversas consciências, com os mais diferentes fins.

Porém, caso queiram fazer essa parte da prática com desejo de usar um pouco da força mística de algum ser de nome conhecido seu, não há problema. Faça como achar melhor, como se sentir melhor e como sentir o fazer da técnica ainda mais forte.

Perceba que essa parte inicial pode ser realizada não só em um momento mais contemplativo, de olhos fechados e em local calmo. Também pode acontecer em lugares agitados, como no transporte coletivo, ou em momentos conturbados, pautados por desentendimentos, desespero ou baixa vibração. Apenas faça. Apenas viva a experiência. Pronto.

Quer se proteger? Pelo lado de fora da cor branca, crie um escudo **dourado**, o qual está associado a ideais elevados de sabedoria, de compreensão e de iluminação espiritual. Também é muito conhecido como sendo uma vibração Crística, para **cristãos**; por ser uma vibração Budística, para os **budistas** (Buda significa iluminado, em Sânscrito); e, ainda, com o verde, representa o paraíso para o **Islamismo**. Já para os **egípcios**, o amarelo-dourado era considerado uma cor imperecível, indestrutível e eterna; na mitologia dos **gregos**, Helios (o deus Sol) era vestido com roupas amarelo-douradas e montado na sua carruagem dourada; por fim, para os **incas**, o deus Inti, também conhecido como *Apu-punchau*, era o deus do Sol e o deus inca mais importante, sendo associado ao ouro, assim como, na **Wicca**, o ouro é o metal do Sol e, geralmente, significa energia masculina. Dessa forma, indicamos o estudo das vibrações das cores em função dos efeitos que elas surtem, ampliando, assim, seu poderoso uso em diversas situações e, logicamente, seu entendimento de mundo.

Sobre **magia**... Por que isso é uma magia? Porque magia, como já citamos, é o fato de **movimentar energias/vibrações com intenção** – obviamente, de forma muito simplificada, pois há vários estudos sobre a etimologia/origem dessa palavra. Até uma oração é magia, apesar de algumas ideologias a negarem com todas as suas vontades.

Não estamos aqui para julgar, somente para analisar certos fatos humanos que se repetem com o tempo, mudando apenas os personagens.

Agora, pensemos sobre reencarnações.

Elas têm princípio, meio e fim. O princípio é reconectar fios de memórias passadas, a fim de que a história da evolução daquela consciência, agora encarnada, continue. O meio é dar a chance, a já comentada misericórdia, de essa consciência reavaliar os fatos e fazer melhor (ou não), pois o respeito da Fonte Criadora é sempre uma verdade fecunda. O fim é voltar-se para o fio da história dessa encarnação e olhar os feitos, as lições, os acertos (a lucidez), os erros (o devaneio) e continuar tentando acertar até o fim daquele/desse seu corpo físico atual. Não estamos tratando do fim da vida, como comumente se faz, mas do fim daquela missão terrena, por assim dizer, pelo menos até aquele ponto na sua jornada consciencial. Lembramos que também há missões em outros campos vibratórios, pois "na casa de meu Pai há muitas moradas", como já citado por diversos motivos.

Sim, há quem não acredite em reencarnação, o que é aceitável, afinal, as consciências mais jovens ou mais (muito) velhas, porém ainda errantes, sempre buscam conforto em pequenas chances de não precisarem olhar para os processos já citados de princípio, meio e fim de uma jornada. Ignoram fatos e criam ilusões, alegorias, máscaras para que a verdade seja apenas o que lhes faz bem, ou supostamente bem.

Quando essas alegorias não são mais suficientes, buscam fugas por meios ludibriantes que fazem a consciência se expandir, porém com substâncias ou meios de vida que levam a camadas de (mais/muito) baixa vibração. O resultado disso, para seus corpos astrais, é bem comprometedor.

Enfim, novamente, não estamos aqui para uma "inquisição moderna" de quem gosta disso ou daquilo, mas para dar noção de que temos consCIÊNCIA de fatos. Afinal, os Registros Akáshicos são a biblioteca viva, alegoricamente, de tudo o que se passa, das "palavras ditas e não ditas" (citação em homenagem singela, por parte do autor, a uma Grande Benzedeira).

Essa busca interior, sobre a qual estamos discorrendo neste início de obra, é, senão, a parte mais importante do processo, como bem já explicamos nesta escrita: aprendendo a se autoajudar, estarão aptos a ajudar outros que ainda não foram despertos para realidades até ancestrais e que foram escondidas, queimadas em fogueiras "santas" e/ou esquecidas, porque o mundo colorido e externo parece mais atraente. Mal sabem eles que as cores, as imagens e os ambientes presentes na imensidão do Universo são mais belos do que a própria imaginação mais fértil que um ser humano pode criar.

Ainda sobre a prática do capítulo anterior, perceba que, com ela, você poderá encontrar seu silêncio e identificar, nele, a voz da sua alma, mais do que a voz da sua mente conturbada. Ademais, aprenderá, por si só, a entrar em uma forma de vibração que pode encurtar anos de terapia, pois a luz é uma grande terapia para as escuridões da alma, senão a maior.

Por outro lado, se você já é praticante de meditações e realiza práticas de expansão da consciência de diversas formas, sem uso de qualquer substância (ainda que lícita), indicamos que, para os Registros Akáshicos, use sua experiência já alcançada. Esperamos que você entenda que este é um livro para ensinar todos os interessados, mesmo que não tenha qualquer tipo de experiência de expansão da consciência, CONSCIENTEMENTE ou não (com a devida vênia do eco linguístico).

Também lembramos que o uso de álcool ou de qualquer elemento químico/fumígeno que tenha essa propriedade de expansão consciencial não é aconselhável para a prática do acesso aos Registros Akáshicos.

Sobre a alimentação, obviamente, recomendamos comidas leves, mas não deixamos a indicação de preceitos, de restrições nesse campo.

Lembre-se: os Registros Akáshicos são portais para vibrações mais elevadas e o que estiver em desacordo com isso deve ser evitado. Seu estudo pessoal e sua pesquisa devem ser o ponto de partida para saber o que é mais indicado ou não. Isso cabe a você.

Por fim, a entrega se dará a si mesmo(a), como num abraço, trazendo novas inspirações para viverem mais *EN THEOS*, do grego, "cheios de Deus", em contato com o Deus interior que habita cada um, seja com qual nome você puder e quiser usar para se encontrar com Ele e/ou buscá-Lo. Assim, haverá mais ENTUSIAMO para viver sua missão de começo, meio e fim desta sua jornada atual. Tudo começa com uma nova inspirAÇÃO – o ato de permitir inalar mais o ar que lhe proporciona mais vida em sua vida.

Capítulo 6
A Jornada

Após alguns treinos com essa simples técnica inicial, você já estará mais preparado(a) para a jornada ao seu Registro Akáshico, ao seu primeiro acesso. Antes, devemos fazer algumas considerações sobre as mensagens que surgirão.

Como você já pode ter lido em algum lugar, elas são/serão passadas por diversas formas: por uma voz interna ou voz externa (para quem tem esse dom); por texto visualizado mentalmente; por imagens de diferentes tipos; por sensações e aromas; por emoções; ou por outro meio mais adequado ao seu entendimento como canal receptor. Esse conceito é comum a todos os escritores sobre o assunto, só que há algo a mais... É importante, durante o início da sua jornada, distinguir o que é mensagem sua, formada na sua mente, e o que é mensagem passada por fonte externa.

Explicaremos de uma forma bem simples... Pense em seu dia de hoje e procure se lembrar de ações realizadas. Faça uma pequena lista mental de quatro fatos... Pronto?

Percebe que tudo veio como imagem e, depois, sua mente consciente transformou em texto, vagarosa e SILABICAMENTE? Sim, silabicamente. Os textos que sua mente forma não aparecem prontos nela, são formados como quando você digita um texto ou como quando você datilografava um assunto em papel, para os mais antigos; ainda, como quando você escreve com lápis ou com caneta. Tudo é formado parte a parte, certo?

Parece simples de entender, e é. Faça outro teste, caso ainda esteja duvidando. Pense numa viagem... Descreva-a apenas mentalmente, de forma sucinta. Por mais rapidamente que você a consiga descrever, ainda a fará por meio de imagem, a qual se transforma em texto, sílaba por sílaba.

Esperamos que isso já prove que é você quem está criando essa mensagem, não uma força "mística" que está inserindo o texto em sua mente.

Quando começar a receber mensagens de alguma consciência presente no contato com seus Registros Akáshicos, perceberá que a velocidade de criação é muito superior à sua capacidade mental, e que as frases "vêm" prontas. Em alguns casos, parecerá que realmente você está "lendo" frases prontas em um papel, na sua tela mental e branca (só por referência da cor branca de uma folha nova).

Em outros casos ou para outros(as) receptores(as), vem uma sensação/imagem-narrativa, e sua missão é descrevê-la, pois, como já alertamos, os Registros Akáshicos não são exatamente aquela alegoria de um lindo livro em cima de uma bela mesa de madeira, pronto para ser folheado. Como seu cérebro é imagético, ou seja, trabalha por imagens para depois transformá-las em texto, como já provamos anteriormente, é muito comum que você até se assuste, de início, com tal velocidade de recebimento das mensagens. Em alguns momentos, você nem conseguirá raciocinar a respeito do conteúdo... Por esse motivo, indicamos que você grave áudio com a descrição do que vê, ouve e recebe em forma textual a fim de, depois, ouvir e pensar sobre os relatos, sobre os conteúdos.

Não se assuste ao revisitar a mensagem gravada/escrita, se ouvir e ler algo de que você nem se lembra de ter dito ou escrito (comentaremos sobre relatos escritos adiante).

Por essa razão, desde seu primeiro contato com os Registros Akáshicos, ou mesmo já nessa prática meditativa com as luzes, você deve ter sempre um papel ao lado, ou ligar algum gravador para se comunicar mais livremente.

Qual o melhor registro? Nenhum dos dois... É você quem escolhe, que entenderá qual o melhor para aquele momento. Como sempre, viva a experiência e experimente por si só.

Já adiantamos que o processo da jornada pessoal pode ser mais curto ou mais longo, dependendo dos seus próprios mentores dentro do Registro, bem como do seu tempo próprio disponível. Cabe a eles a orientação, não a nós. Só pedimos, com todo respeito, que os respeitem e obedeçam a todos os passos para não querer adiantar processos e ajustes necessários em seus campos vibracionais, a fim de que esteja mais apto(a) a receber as diversas informações, em diferentes níveis e de várias formas, as quais são comuns em todo acesso aos Registros Akáshicos, seus e de outros.

Também será comum que seus mestres/mentores façam uma varredura em seus Registros, com a finalidade de comunicarem a você o que é mais importante no AGORA. Provavelmente, este será o conteúdo dos acessos iniciais, até que as consciências responsáveis decidam terminar (até ali). Isto é algo bem relevante: partirão do agora para trás ou para a frente, não no sentido da linha do tempo terrena, mas no sentido da linha da sua própria evolução como consciência que surgiu da Fonte Original, caso queira denominar, da Fonte Divina.

O que faltou? O que aprendi ou deixei de aprender? O que preciso aprender? Essas perguntas muito importantes podem ser respondidas, de antemão, pelas consciências que fizerem contato com você, ou você mesmo(a) pode perguntar...

Nelas, podem ser transmitidas informações realmente relevantes e outras que são de seu interesse, mas sempre com o princípio da relevância e do respeito a você.

Outro fato também é que as informações são controladas pelos Senhores dos Registros Akáshicos, os quais estão sob ordens superiores. Deles, saem tanto os conteúdos e as autorizações de informações quanto as ações que podem ser executadas para aliviar certos fardos da vida terrestre de uma pessoa, caso haja merecimento e necessidade.

Os Registros Akáshicos não são apenas uma fonte de informação, mas também, inicialmente, fonte de LUZ da Fonte Criadora. Isso significa que muito pode ser tratado (levar luz às sombras, aos fatos sombrios, às atitudes sombrias é tratar... desconectar certos canais é tratar... cortar certos laços é tratar... apagar sofrimentos de certas memórias é tratar...), dentro das leituras, sempre com um pedido de permissão do mentor a cargo do contato e, mais importante ainda, sempre com permissão do autor da leitura. Por autor da leitura, entenda: quem está fazendo o contato de leitura do seu Registro Akáshico ou quem pediu para ser realizada, obviamente.

Sobre leituras com troca de valor monetário, ou não, ninguém deve incutir na mente de outra pessoa que ela DEVE fazer uma leitura de Registros Akáshicos. A vontade deve partir dela, pois é um acesso à sua fonte, com respeito profundo a todo seu caminhar consciencial, e não deve ser vendido como produto. O que se pode cobrar, como em várias técnicas e estudos, é o tempo do praticante de leitura. Só.

Dentro do seu próprio Registro Akáshico, é interessante que você peça orientação sobre quando começar a cobrar, se poderá cobrar e qual a quantia cabível naquele momento. Evite comparar-se a outras pessoas que já "trabalham" com isso, pois não há linha evolutiva igual a outra, assim como não há impressão digital igual a outra. Esperamos ter explicado de forma clara.

Agora, a este ponto da obra, percebe como a JORNADA não deveria ser em um simples curso de algumas horas?

Ela é um acerto e um ajuste, um aprendizado e um entendimento sobre como é esse contato e para que ele serve (explicado mais ainda pelos seus próprios mentores); sobre como se recebe uma mensagem e quão variada ela é; sobre entender que essa variação é infinita, mas terá uma forma que pode ser diferente para cada "leitor/leitora"; sobre onde está, de onde veio e para onde pode ir, em diferentes possibilidades. Não, as consciências do Registro NUNCA vão determinar nada, nem escolher por você. A experiência de "vida" é sua, não delas.

Agora, percebe por que colocamos o termo "leitor/leitora" entre aspas? O acesso aos Registros Akáshicos é muito mais do que uma leitura, por envolver diferentes modalidades de recebimento de mensagens. Por isso, neste ponto desta obra, preferimos ACESSO à LEITURA. Ao termo leitor(a), preferimos a outorga do termo canalizador(a).

No próximo capítulo, daremos mais informações sobre o que é uma canalização, tão difundida por alguns seres que, por vezes, acham-se superiores, mas se esquecem de que todos, de alguma maneira, canalizam mensagens, mesmo que da forma mais natural, inerente a qualquer ser vivente: por sonhos. A diferença é que a canalização das informações provenientes dos Registros Akáshicos é consciente, assim como são conscientes uma viagem astral, uma incorporação em religiões com essa prática, uma profecia (quando real, sim, nós também acompanhamos esse movimento "profético" terrestre...), etc.

Perceba que há várias formas de expansão da consciência, as quais ocupariam mais de uma página para nominá-las... Repare que cada uma tem um objetivo, ou seja, o que muda não é o nome dado a cada uma, apenas, mas o objetivo de cada uma e/ou a faixa de vibração a que está ligada.

Desde a época mais remota, os seres humanos precisam acender candeias (velas) para um simples iluminar do local ou para seus atos ritualísticos... O que muda não é a vela ou o instrumento que gera a chama, também aqui se inclui uma fogueira, muito usada nos rituais xamânicos; o que muda é a intenção.

Para alguns com um pouco mais de estudo sobre cores, velas são indumentárias alegóricas e vibracionais para sua mente imagética, isto é, ajudam o seu imaginário a ter um ponto de partida/concentração a mais para que a mente humana limitada/dispersa não se perca naquele momento, a fim de que o objetivo seja firmado/sólido na intenção daquele ato.

Aqui, no acesso aos Registros Akáshicos, também de diversas formas e conteúdos, temos orações/chaves/textos de abertura e encerramento, pois é preciso intencionar o contato da sua consciência com a consciência maior (por ser infinita e não estar presa às limitações do seu meio físico). Muitos a chamam de Eu Superior... Sim, é um nome possível, mas lembre-se: não ficamos muito apegados aos rótulos humanos.

Como já dissemos, o ambiente do Registro Akáshico, na sua jornada, será tão individual quanto seu pedido a uma deidade/divindade. Sobre a chave de acesso, já expressamos aqui o convite para, depois de muita prática, você mesmo(a) criar sua própria chave, seu próprio modo, sob a luz dos seus orientadores dentro do seu Campo Akáshico. Abra seu campo e pergunte se já é hora. Mas saiba ter bom senso, e isso pode levar alguns anos... Caso seja antes do que você imagina/espera, eles se encarregarão dessa tarefa, pois ela vai desde os Registros até você, não o contrário.

Sobre INICIAÇÕES e/ou IMANTAÇÕES, não se preocupe: apenas não há. Como já escrevemos, todos estão ligados aos Registros Akáshicos, mesmo inconscientemente... Por que você teria que ser iniciado a algo já iniciado no começo da sua jornada? Sim, a repetição é necessária. Sua imantação já foi realizada pela Força Criadora. Isso se explica.

Também, nessa sua jornada, só sua, é bem provável que você se depare com uma porta... Essa porta é como uma barreira limítrofe entre sua realidade tangível para sua realidade não tangível, como um rito de passagem, um marco do início do contato. Nos primeiros acessos, pode ser que ela nem sequer apareça. Caso não apareça, você sentirá que está nos Registros Akáshicos. Só recomendamos que deixe a insegurança no plano terrestre, na 3D.

Lembramos, ainda, que você não deve se forçar a nada... Apenas viva a sua experiência, e não a compare com a de outras pessoas com as quais tenha contato e também praticam esse acesso, como sendo melhores ou piores acessos. Ressaltamos que o EGO deve ficar longe dessa prática tão divina quanto sua própria existência, já que você é parte do seu próprio Registro Akáshico, e não o contrário.

É também comum que a porta inicial vá ganhando detalhes conforme você vá avançando na jornada dos seus acessos... E não se assuste se, lá adiante, por determinação das consciências que farão contato, você precisar de outras portas para acessar outras egrégoras consciencias. Tudo de acordo com suas funções celestiais, por assim dizer, sempre com base na máxima já aqui muito citada, porém pouco entendida no plano terrestre: "há muitas moradas na casa de meu Pai". Tudo será sempre por orientação/autorização da consciência em contato com você e não por mera "vontade". Não, não é uma viagem na qual você escolhe roteiro, destino e trajeto.

Quando você entrar nesse estágio de contato, sim, terá passado ao nível II, se assim podemos nominar, de leitura do acesso aos Registros. Haverá outros níveis, todos determinados pelas consciências que ficarão responsáveis pela sua jornada além da nossa missão de encaminhá-lo(a) para seu aprendizado necessário e, digamos, inicial. Porém, não se apegue a nomenclaturas/certificados, mas, sim, à SUA experiência e viva sua JORNADA.

Por fim, retomando um ponto já citado aqui, os conteúdos das suas leituras serão lembrados, obviamente, sempre que necessários. Já os conteúdos das leituras da pessoa consulente serão apagados da sua memória humana, pois não lhe dizem respeito. Simples assim. Quando ficar algo, será apenas o que for aprendizado sobre Registros Akáshicos. Como já escrevemos, o aprendizado nunca terminará.

Capítulo 7
A Completude do Vazio

Sim, o título é um paradoxo proposital... Em toda oração/chave de acesso aos Registros Akáshicos, é importante que haja a frase: "**Os Registros Akáshicos estão abertos neste instante**".

Você, leitor(a), consegue sentir o peso dessa parte?

Vamos agora a uma realidade que pode dar um "frio na espinha/barriga", como dizem por aí. Após você dizer essa frase, o que vem adiante? Nada. O nada...

Se estamos falando, desde o início, de um lugar consciencial, etérico, astral, vibracional, como queira chamar, é normal que você, primeiramente, até por ser seu início de acesso, caia no mais profundo vazio, o que não quer dizer que cairá nas faixas vibratórias negativas. Pode ser que se perceba numa escuridão do Universo ou numa claridade... ou numa luz de outra forma... ou num ambiente... tudo é possível. A NÃO SER que tenha feito uso de substâncias que por si sós e por um estudo rápido que você pode realizar abaixem sua vibração pessoal, você entrará em contato com algo que não tem ainda conhecimento consciente e ainda não sabe o "caminho". O treino constante fará com que você aprenda o caminho.

Ainda sobre seu estado energético, não só substâncias podem resultar num desvio vibracional indesejado, mas estados emocionais conturbados, como ira, ódio, rancor, entre outros, também. Ou seja, para um contato adequado, é preciso que você esteja numa vibração minimamente tranquila, num local apropriado.

Mesmo que se sinta no vazio, durante suas primeiras práticas, é preciso entender que você estará em contato com a vibração da Luz. Para encerrar este trecho, entenda o motivo da segurança de acessar outras consciências por meio do contato com seus Registros Akáshicos: a probabilidade de haver impostores ou negativos/negativados se conectando a você é nula. A possibilidade de ataques de baixas vibrações também é, desde que você esteja conectado(a) aos seus Registros Akáshicos, por intermédio da chave/oração de acesso. Já nos contatos aleatórios, ou até por "brincadeira", essa probabilidade é bem alta.

Assim que começar a contatar consciências por meio dos RAs, vai entender que, com o auxílio do seu Registro Akáshico, é possível conscientemente contatar seres que trabalham para a Luz ou já estejam na Luz.

Ou seja, quanto mais praticar, mais seu canal de comunicação estará evoluído, assim como sua conhecida "intuição" melhor distinguirá o que é mensagem externa e o que é sua mente trabalhando, e você receberá mensagens de origem não duvidosa/negativa.

Ademais, vamos explicar alguns fatos importantes, os quais nem sempre são elucidados/conhecidos por praticantes de leituras oraculares ou de consultas religiosas... Elas também têm uma base na leitura dos conteúdos dos Registros Akáshicos das pessoas, mesmo sem esses consultores, por assim dizer, saberem essa verdade.

Como você acha que cartomantes, videntes, leitores de runas ou trabalhadores de quaisquer outros "sistemas divinatórios" "leem" sua vida?

Sim, acessando, mesmo inconscientemente, os Registros Akáshicos daquela pessoa, e unindo a simbologia (dos seus significados) e o processo oracular com as informações da consciência que faz o contato, a canalização para um(a) receptor(a). Ou, em outro cenário, a pessoa canalizadora fala que as informações vêm de uma entidade, ainda, dizendo: "O que me chega aqui é...". Ok, de onde a entidade/fonte retira as informações sobre sua vida? Pense... nem precisamos explicar.

Algumas dessas pessoas, com capacidades mediúnicas mais despertadas, já nascem, em corpo físico, com esse "dom" ou o desenvolvem ao longo da vida, pois, como já explicamos, na sua linha de vida consciencial, tudo pode ser desenvolvido, assim como você está sendo desenvolvido(a) e assim continuará. Outras aprendem, pois são também buscadoras. Como já citamos: "Peçam, e será dado; busquem, e encontrarão; batam, e a porta será aberta. Pois todo o que pede recebe; o que busca encontra; e àquele que bate, a porta será aberta".

É possível entender que, dentro dos RAs, há informações passadas por mentores e/ou divindades/deidades, como queiram chamar, assim como conteúdos transmitidos pelos seus mestres, pelos seus guias, por mentores, protetores... Para nós, como quiserem chamar está adequado, eles têm uma origem em comum. Há também informações transmitidas por outras consciências (inclusive desencarnadas), mas sempre com autorização de contato pela Luz dos Registros Akáshicos, pela Origem Comum e Primordial. Como explicamos nas primeiras linhas do Prefácio: os Registros Akáshicos são portais multidimensionais. Estar ou não consciente disso não muda os fatos que precedem os resultados.

Para ilustrar, pense numa jornada humana bem conhecida na Terra: um ser que psicografava as mensagens de consciências desencarnadas, mas já merecedoras da autorização de contato... Lembre-se de que as mensagens eram do plano espiritual para o plano terreno (3D), mas alguns seres desencarnados podiam passar mensagens e outros não. A "porta" abria somente de lá para cá. Coincidência? Já parou para analisar o estado vibracional de cada ser comunicante ou do que não fez comunicação? Já parou para ler algumas psicografias sérias e reais? A vibração delas era positiva? Pesquise. Percebe como havia um canal de comunicação que conectava uma consciência ao receptor? Conectava o receptor à Luz? Qual seria o nome desse canal?

Lembre-se de uma passagem em que foram levadas, ao psicógrafo, meninas com um tipo de dominação por consciências de vibrações negativas. Como a consciência humana e encarnada estava trabalhando na Luz, o processo de desobsessão foi até simples, pois a Luz desfez a vibração das sombras. O tratamento foi calmo, seguro e respeitoso. Assim será o conteúdo das mensagens que receberá.

Para fechar, percebe como não havia incorporação do famoso médium? Cremos que nem precisamos comparar mais, pois isso já explica muitas "coincidências" e muito mais do que escrevemos nestas poucas linhas.

Percebe como tudo se conecta? Como tudo se complementa e funciona como um infinito sistema, apesar de que algumas doutrinas/

ideologias querem se isolar em seus mundos particulares, como únicos possíveis e aceitáveis? Acalme-se... A Fonte Criadora permite e aceita isso, afinal, é condizente com a mesma liberdade de escolha a que todas as consciências têm direito.

Como na alegoria da sala escura, mesmo que as realidades estejam ao seu lado e que você não acredite nelas, se sua "lanterna" ainda não alcançou abrangência de luz sobre elas, você as ignora, mas elas continuam/continuarão existindo.

Continuemos...

Logo, se a Fonte Criadora dá oportunidade a todos, por que, em Terra, há seres que se julgam mais iluminados por sentirem percepções em lugares, por verem além do que a faixa de frequência natural dos olhos humanos permite, por ouvirem além do que é considerado "normal" ou por contatarem outras consciências, dentro e fora da sua dimensão?

Amado(a) leitor(a), "tudo é vaidade", como já disse uma renomada consciência em mensagem aos seres do planeta Terra.

Nosso intuito aqui também é desmistificar conceitos que parecem petrificados, unicamente pessoais, quando, francamente, o que é a verdade senão um foco de lanterna, como já explicamos? O que está fora desse foco pode existir, mesmo sem o dono desse objeto "se dar conta" (usando um palavreado mais regionalista). Agora, pelo fato de seu foco não conseguir abarcar outras realidades, elas não existem? Esse reforço da mesma ideia é proposital, a fim de que entenda o porquê de os conteúdos universais não dependerem da aceitação humana, nem terem uma finitude como o seu conhecido binômio espaço-tempo.

Sobre o "orgulho" de certos seres encarnados, desculpe-nos, mas seria/é muita infantilidade consciencial achar que os "brinquedos" melhores são só aqueles que estão no chão da sua sala. Sim, é uma simples metáfora, mas é muito representativa do que acontece também em sua vida em vários níveis, estágios e acontecimentos.

"Do lado de cá", aprendemos que tudo pode ser aprendido e, dentro da Misericórdia Divina, essa é a realidade, a verdade única: todos têm chance de evoluir, aprender, enxergar erros e acertos dos percalços já cometidos. Lembre-se do que já escrevemos: ter misericórdia é dar chance. Como todos são parte da Fonte Criadora, por qual motivo Ela, em sua infinita sabedoria e capacidade, não daria a mesma chance a todos, sem distinção? O problema, como sempre (sempre há algum), é que nem todos farão bom uso das chances, assim como nem todos que leem o mesmo livro entendem seus conteúdos e/ou usam os conhecimentos da mesma forma, ou ainda para alguma ação produtiva.

Por esse motivo, totalmente aceitável e humano, é que há pessoas que criticam, de todas as formas, religiões diferentes daquela da qual fazem ou pensam fazer parte, pois é mais fácil e cômodo, por uma simples razão: ao criticar, a pessoa se sente "acima" daquilo/daquele/daquela que critica, dado que se coloca como alguém com uma lista de critérios na mão, pronto para examinar o que mal conhece, a fim de dar um parecer que mal será realidade para si, já que sequer aprendeu um fato muito simples: as realidades são mutáveis. Olhe para a Ciência terrena... Não é preciso retroceder muito para ver o quanto ela mudou em dez anos. Olhe para os avanços tecnológicos... Vinte anos atrás, como era a sua comunicação?

Sobre isso, entenda que as críticas sempre existirão, porém, o mais importante é você compreender que o seu caminho de vida é SEU. A linha de expansão consciencial é só SUA. A jornada de evolução é só SUA, assim como é SUA a responsabilidade.

Outra dica que deixamos é: o teor das críticas é de vibração negativa? Ou o teor é de reflexão ou, como se diz na Terra, de parar para pensar? Isso já explica muito a intenção e a origem deste texto com palavras "ditas, não ditas e, por vezes, malditas", com todo respeito a esse digno empréstimo textual de uma oração de uma Grande Benzedeira, muito respeitada pelo escritor deste livro, a qual também fez parte dessa "virada de chave" que propiciou a escrita desta obra.

Como segunda dica, olhe para o objetivo, para a estrada adiante e não só para as pedras no caminho. Quem só olha para baixo tende a demorar mais na caminhada. Afinal, na palavra "vIDA" só há IDA.

A jornada é sua. Responsabilize-se por ela e deixe de colocá-la na mão de outra pessoa que pode estar tão ou mais perdida do que você.

Sim, sabemos que a inter-relação entre seres é muito importante, mas não nos entenda mal. O que "dissemos" é que a individuação (particularização, especificação, singularidade individual) é necessária em momentos de/para evolução, pois a sua evolução depende do que você vive, não do que os outros vivem ou dizem que você "tem" que viver. A inter-relação é importante no ensino, no ombro amigo, como vocês dizem, no aprendizado com outros, mas a SUA evolução é só SUA. Ninguém poderá realizá-la por você. Nem a Fonte Criadora o fará por você. Nem nós faremos por você. Somos, senão, simples expectadores do seu plano vital, do seu palco de ilusões e de desilusões. E estamos aqui sempre, como sempre estivemos e estaremos, disponíveis para bem dizer, bem orientar, bem ouvir, com a fala do respeito Divino, com a bússola da sua própria linha de vida consciencial e com o ouvido do espírito, da alma ou da simples consciência que é você e que foi você, quando formada(o) na centelha especial e primária de sua existência prima, partindo da Fonte Original.

Percebe como, novamente, tudo se conecta?

Pensando no "vazio", lembre-se de que a Fonte Criadora "fala" com cada uma de suas partes, filhos e filhas, no silêncio do Eterno. Por esse simples motivo, quando você entra, pelas primeiras vezes e nas demais, no Registro Akáshico, a sensação é desse vazio, dessa falta de imagem, de cor, de som, de tudo, mas que não é um nada, é um TODO em SI. É a sensação da completude do seu ser no vazio que foi sua origem um "dia" ... Quando você foi criado/criada como consciência uma e primária, esse vazio era sua realidade, límpida, sem marcas, máculas, conceitos, preconceitos e regras, sem nada. Era tudo o que você tinha.

Bem-vindo(a) de volta!

Capítulo 8
A Visão do Todo em Partes

Claro que você deve saber o valor do número 7. Senão, pesquise...

Não é por acaso, se é que ele existe, que, neste capítulo, vamos falar detalhadamente sobre possíveis passos dentro do seu Registro Akáshico, da sua volta à origem, à parte da Fonte Original.

Como em todo processo vibracional, é normal que as consciências responsáveis por você façam ajustes em seu campo vibratório. Isso acontece também em outras práticas nas quais o contato com entidades/consciências é necessário, a fim de serem transmitidas informações ou de que seja possível agir em benefício daquela pessoa que pede ajuda, bem como de si mesmo/mesma.

Assim, dividiremos o estudo neste capítulo em sete partes.

Parte 1 – Meus Passos

Primeiramente, espere imagens leves, luzes, sombras, claridades. Em certos "cursos", é bem normal que os "alunos" descrevam encontros imediatos com entidades/deidades de tão elevada vibração que até é possível ficar com receio ou compaixão por aquela pessoa, pois, talvez, o inconsciente dela tenha atuado mais fortemente ali, quando houve uma chance para isso. Essa pessoa, por mais que ore/reze, vive tanto mais ligada à 3D que a mente precisou usar um momento de relaxamento para atuar mais livremente, assim como já atua, mas nem sempre consegue.

Ou seja, não se tratou de acesso ao Registro, mas de acesso ao inconsciente, o qual faz parte da MENTE (não do cérebro). É importante? Sim. É relevante? Para a pessoa, sim, mas não como acesso aos

Registros Akáshicos que estão em hostes bem mais sutis, acima das hostes da mente humana. Esse contato pode acontecer, mas ao longo da jornada.

Logo, seus passos, leitor(a), devem ser de calma, tranquilidade e confiança de que o que for visto/sentido/ouvido naquele momento é o necessário por enquanto. Imagine que, dentro do Registro Akáshico, você estará em contato com a Fonte Criadora, a Origem, o Elemento Primordial. Melhor seguir com mais calma, pois o infinito não termina logo ali, e você vai se cansar ou tropeçar na ansiedade, desistindo.

Como já dissemos, o acesso é permitido a todos os seres criados pela Fonte Original. Já o desejo de acessar e entender que tudo tem seu tempo de maturação e duração própria está a cargo de quem se propõe a essa tarefa.

Voltando aos seus passos, caso, nas primeiras vezes, você não receba nenhuma mensagem, nem consiga "ver" (com os olhos da alma) formas de representação de alguma consciência ou mensagem, fique em paz, isso é normal. No início, você pode acessar e cair no sono, mesmo estando sentado(a). Isso é só um ajuste vibracional, não é preguiça. Continue. Insista. Sim, é possível fazer leituras, para si, deitado(a)... Mas é importante que já exista uma BOA caminhada para isso, a fim de não "cair" no sono por cansaço das suas atividades do dia a dia.

Apenas pedimos que não se esforce para que um "fato X" aconteça... Tudo vai acontecer se for sua necessidade naquele momento, assim como se houver a necessidade de a pessoa ter "acesso" a uma deidade muito elevada num suposto primeiro contato com os Registros Akáshicos. Sim, até pode acontecer, mas é algo muito improvável. Mesmo não sendo exatamente um acesso, a Mente Divina sabe muito bem o que, por que, quando e a quem faz ou deixa de fazer. Com total certeza, foi uma experiência relevadora para aquela pessoa e ela saiu melhor do que chegou. Isso já ajuda. Se ela continuou a treinar, a acessar os RAs, com total certeza, entendeu melhor que havia muito mais a aprender e que aquele suposto contato serviu bastante a ela, num nível ainda mental, porém a caminhada, a jornada, ainda mostrou muitos outros estágios.

Não estamos aqui julgando contatos de seres encarnados com deidades/divindades, como relatados na história do mundo terrestre. Estamos apenas diferindo o passo a passo esperado em contraposição a uma necessidade mental imediata que serviu para ajudar a pessoa em questão. Nosso intuito não é dividir nada em melhor ou pior. Nossa intenção é apenas dar uma noção a você de que é preciso refletir sobre os acontecimentos. Voltando à nossa amigável metáfora, um bolo, logo depois de assado, não pode sair do forno já em fatias. Pode? Pronto.

Caminhe pelo passo a passo. Seus mentores e mentoras podem levá-lo(a) mais rapidamente pela estrada da evolução, caso seja de seu merecimento e de sua necessidade.

Como já afirmamos aqui, para cada pessoa, tudo é semelhante e ao mesmo tempo diferente.

Parte 2 – Meus Contatos

Sim, por vezes, você perceberá que a imagem que se forma em algum lugar na sua mente/tela mental consciente representa algo que pode ser chamado de masculino e/ou feminino. Por vezes, isso não será notável, tampouco relevante. É bem comum que o "ser comunicante das mensagens" mostre-se bem pouco, pois a mensagem deve ser mais importante que o "aparelho" de transmissão.

Já explicamos que esses rótulos são menos importantes, à medida que sua consciência for evoluindo. Não estamos, por sua vez, tocando no assunto da orientação sexual consoante entendida na Terra. O que nos importa aqui é explicar que há diversos tipos de consciências dentro do Registro Akáshico, por isso, comumente, referimo-nos a NÓS. Aqui, ninguém é dono da verdade absoluta, nem da palavra única, nem da missão unitária. Todos somos tudo. Tudo somos nós em conjunto, com individuação necessária para trilharmos nossas jornadas de evolução tanto quanto você, leitor(a), mas em outras fases.

Aqui, há seres outrora encarnados, mas que, dada a sua evolução, já estão afastados dessa tarefa, os quais estão em contato com você. Por outro lado, há seres que nunca estiveram no corpo físico, mas que também são consciências que passaram pela mesma criação *prima* e proveniente da Fonte Original.

Assim como um pai terreno vê seus filhos se encaminhando para diversas missões, o Pai Celestial, por assim dizer, também, alegoricamente, passa por isso. Ainda, há seres que já foram encarnados e precisam mandar alguma mensagem, aproveitando o canal aberto para isso, desde que haja a devida autorização do Altíssimo e dos Senhores do Registro Akáshico (entenda o gênero só como referência, até porque o gênero masculino no plural, em língua portuguesa, abrange o masculino e o feminino).

Logo, é possível que, dependendo da sua necessidade e do seu merecimento, você faça contato com seres próximos, distantes, familiares, não vistos, de dimensões superiores, muito superiores e até inimagináveis pela mente terrestre. Lembramos que, diferentemente de uma viagem astral, não é você quem vai escolher com "quem quer falar"; a consciência Divina sabe do que você precisa agora.

Parte 3 – Ataques

Com sua evolução nesta caminhada, você aprenderá que, dentro dos Registros Akáshicos, dentro do Akasha, há diversos orbes e eles serão representados por portas diferentes. Passando por elas, você fará o contato com distintas egrégoras e missões, mas todas na Luz, para a Luz. Por esse motivo, não há como sofrer ataques de vibrações de dimensões inferiores, pois, onde há luz, não há qualquer tipo de escuridão. Assim, não é necessário todo um aparato de proteção, mas é preciso máximo respeito, sempre. A proteção já existe na Luz e pela própria Luz.

Aqui, há um ponto que difere muito das viagens astrais: como o próprio nome já diz, são traslados de um lado para outro. Como numa viagem terrena, nem sempre o trajeto é seguro, limpo ou em boas condições. Nem sempre o "público" que se encontra em cada paragem é de boa vibração e intenção. No caso do contato com os Registros Akáshicos, como seu acesso é específico para um local consciencial, não há esse perigo que muitos pensam haver. Em ritos religiosos, não são acesas velas para iluminar o altar/congá, física e espiritualmente, para que as energias obscuras se afastem? Pronto, está explicado.

Parte 4 – Consciente ou Inconsciente?

Sobre você estar ou não consciente durante seu acesso aos Registros Akáshicos: não, você não perde a consciência e, com a prática, fará leituras mesmo com olhos abertos, depois do início do contato – tudo vai depender de quanto você tem/desenvolve a capacidade de **concentração no que está fazendo**. Como se diz em algumas religiões, depende de quanto você tem de firmeza, a qual nem sempre é explicada aos seus participantes. Como em médiuns neófitos, a mente consciente fica assuntando: "será que sou eu?/será que é a entidade?". Como neófitos no acesso aos Registros Akáshicos, isso também ocorrerá. Solução? Cale a mente consciente e apenas fique em estado receptivo. Uma técnica boa para isso é você "pegar" esse "falatório" e empurrá-lo para fora do seu campo, para longe da sua atenção.

Logo, é normal que, no início do contato, você prefira ficar com os olhos fechados, pois o fechamento da visão terrena é a abertura da visão da alma. Isso já é conhecido em diversas crenças e/ou religiões, há incontáveis anos.

Parte 5 – O Pensar *versus* o Receber

Como já foi explicado, você aprenderá nessa fase de treino inicial o que é pensamento seu e o que é recebimento de mensagem externa. Entenderá, de fato, que a diferença de velocidade é um marco divisório. Por essa razão, psicografar é um bom treino no início, mas será uma prática provavelmente abandonada ao longo do processo, pois as mensagens virão cada vez maiores e mais rapidamente, não sendo muito adequada a escrita, dada a demora habitual de se desenhar letras.

Vale ressaltar que, após escrita ou gravada a mensagem, depois de algum tempo, é bom que se releia/ouça, a fim de que o que foi passado seja realmente entendido e até percebido. Como salientamos, haverá certos "sustos" com alguns pontos que parecem nem ter sido tratados, mas estão ali no que você lê ou no que você ouve.

Outra dica... Como começar a receber mensagens? É simples, é só deixar a mente tranquila, a fim de que ela não atrapalhe o que possa chegar. Quanto mais se cobrar, quanto mais esperar por algo que esteja dentro do seu limitado sistema de crenças, menos estará apto ou apta a receber o que realmente vem dos contatos do Registro Akáshico. O ideal é apenas esperar... aguardar... e observar com seus sentidos e com os olhos da mente.

Como já citamos, as mensagens podem ser de diferentes formas. Nada como o tempo, o terreno e o treino constante para você entender como é e como pode ser.

Mesmo que você seja muito "evoluído(a)" em alguma outra prática, já avisamos: em RAs, será um neófito, alguém que terá de caminhar como todos os outros que iniciaram sua jornada consciente dentro dos Registros Akáshicos. Salientamos que, aqui, não há melhores ou piores, há apenas diferentes em uma linha horizontal que representa a estrada da vida consciencial de cada um.

Está disposto(a) a [re]aprender?

Parte 6 – Perguntas

Aqui, não trabalhamos com tempo, logo, não há de se responder a perguntas como: QUANDO será... Também não trabalhamos com lógica binária, portanto, não há de se responder a perguntas com SIM ou NÃO...

Por que tocamos nesse ponto agora? Porque é preciso entender que, com sua evolução dentro dos acessos aos Registros Akáshicos, você conseguirá conversar com mentores, com mentoras, com consciências... Sim, ainda usamos a referência de gênero terreno aqui, pois alguns seres se apresentam com algum traço de indumentária que dá essa conotação, mas já bem explicamos que não é assim tão relevante.

Voltando às perguntas, o interessante é que, sempre que abrirem os seus RAs, perguntem: "qual a mensagem para mim agora?" Com o tempo, isso será automático, assim como é automática uma mensagem inicial para o(a) consulente que pediu seu trabalho com os acessos.

Também será importante, quando acessar os Registros Akáshicos de outra pessoa, somente a pedido dela, que ela não conte NADA a você. NADA! Já clarificando, não é permitido/possível você acessar o Registro de outra pessoa sem autorização dela: um pai/uma mãe não pode pedir para você acessar o Registro de um filho(a), parente, etc.

Voltando, a partir desse "nada", tudo virá da consciência em contato. Após essa primeira mensagem, serão liberadas as perguntas, e as respostas também não terão SUA (canal) interferência. Isso dá um certo "frio na espinha" em você? Aí está o jogo das realidades e dos animismos ou das leituras frias. Isso será mais bem explicado na parte das leituras para outras pessoas... Por enquanto, fique na dúvida de como isso é possível.

Para você, o processo será bem semelhante: após treinos, treinos e mais treinos, sempre haverá uma mensagem inicial e, depois, uma abertura a perguntas. Pode ser diferente? Sim, como já avisamos.

Por fim, todas as perguntas são permitidas, mas nem todas são respondidas. Apesar de ser algo raro, deixamos o alerta de que a consciência que está em comunicação com você pode apenas dizer: "não é relevante". É raro, mas pode acontecer. Como se diz num livro muito conhecido, "... tudo posso, mas nem tudo me convém...".

Ideias boas de perguntas são aquelas com:
- Como posso melhorar...;
- Por que estou passando por isso...;
- O que devo aprender com isso...;
- O que preciso mudar para que...;
- Por que cometi o erro x...;
- Como faço para reparar...;
- Qual o objetivo de...;
- Qual a implicação de...;
- Qual a importância de...;
- Qual a diferença entre x e y.

Lembramos que os Registros Akáshicos não servem como algo ou alguém que irá decidir por você, portanto, perguntas como "qual é a melhor opção" NÃO são as mais indicadas. Lendo as ideias de perguntas anteriores, você terá uma noção do que queremos expressar neste parágrafo.

Parte 7 – O Tempo

Como já citamos, o tempo em dias e em horas é uma característica terrestre. O tempo a que nos referimos aqui é o tempo de contato com os Registros Akáshicos. A todo momento, os RAs estão em contato com vocês, porque tudo é registrado e isso já foi explicado.

Nesta parte, o tempo é aquele em que você, conscientemente, está ligado(a) aos seus Registros Akáshicos por meio da sua chave de abertura ou da sua oração inicial.

Em leituras pessoais, é normal que o tempo terrestre de 30 minutos seja suficiente, mas isso não é uma regra.

Em leituras posteriores, para outras pessoas, o limite de uma hora é suficiente, desde que quem faz o acesso e quem o pediu não fiquem "batendo papo". Como se sabe, o acesso aos RAs deve ser muito respeitoso e objetivo, como os comunicadores são. Alguns são mais sérios, alguns mais coloquiais, mas todos são objetivos.

Por outro lado, nada impede de você ficar muito mais tempo do que esses dois citados, como quando estiver criando algo com os Registros Akáshicos abertos. Sobre isso, haverá um capítulo para explicar que há diversas possibilidades de emprego desses acessos, não só para leituras sobre suas jornadas de vidas.

Ainda sobre o tempo, é possível, também, que a consciência encerre o contato por si só e se retire. Portanto, a leitura deve ter foco, ser organizada e objetiva.

Sobre emprego desse acesso para espionagens, etc., pense: se este trabalho é da Luz e na Luz, qualquer outro objetivo escuso será imediatamente rejeitado e os Registros serão fechados imediatamente. Ainda, pode suceder que o leitor ou a leitura sejam impedidos de fazer esse acesso consciente. Isso também pode acontecer se você alterar o que lhe foi passado, a fim de um objetivo pessoal, manipulador de quem pediu a leitura.

Como já citamos, os Senhores do Registro Akáshico coordenam tudo e todos, inclusive quais mensagens são permitas ou não receber. Já citamos também que todos podem ter acesso, mas salientamos que há algumas regras a serem seguidas. Isso se difere da tentativa infantil de mau uso desse acesso. Assim como há a Lei de Causa e Efeito no Universo, esta também existe dentro dos Registros. Está explicado e avisado. Pronto.

Capítulo 9
O Acesso

Após todo esse embasamento mais do que necessário, chegamos ao acesso em si. Lembramos que ele será adaptado pelos seus mentores ao longo dos seus treinos e que há uma dica primordial: se possível, acesse todos os dias.

Acha muito? Tudo bem... Faça como achar melhor. Como já citamos, você é um neófito, desse modo, cada acesso é uma lição, e assim será, mesmo depois de já ter uma boa caminhada nas práticas. Não é bom pular lições, nem é aconselhável adiá-las em demasia.

Como conhecemos a estirpe humana, avisamos que o excesso também não é aconselhável, ou seja, não viva como se estivesse em outro mundo, afinal, se você está passando pela encarnação, seu mundo ainda está na 3D, o que não impede o contato com outras dimensões, só que retornar é preciso. Caso fosse necessário que você já vivesse em outras dimensões, sua vida na 3D seria ceifada ou você já estaria em outra dimensão. Simples assim.

Um bom horário de acesso é antes de dormir, pois é provável que todos da sua casa já estejam recolhidos, as consciências encarnadas já estejam menos vibrantes e o silêncio seja um fato mais pungente do que em horários movimentados.

Como já citamos, o local deve ser adequado: tranquilo e com luz muito serena. Não há necessidade de imagens, velas, altares e símbolos. Só há a sua necessidade, da sua vontade, de uma chave/oração de acesso e de sua disponibilidade. Em um estudo oriental, diz-se que há um símbolo que permite o acesso direto aos RAs. Porém, isso é mais um signo-sinal, estudado como gatilho mental, do que um símbolo mágico que fará você se transportar para o além.

A magia está em você se concentrar. Por isso, ensinamos uma técnica inicial para que você aprenda ou reforce sua concentração. Aquela técnica das luzes é necessária antes dos acessos? Sim e não.

Sim, se você veio de um dia tenso, complicado, passou por lugares de vibração duvidosa ou teve contato com pessoas diferentes. Faça a técnica apenas para se equilibrar, não para garantir proteção durante seu acesso, porque a segurança do acesso é responsabilidade dos Guardiões do Registro Akáshico e da Luz da Fonte Original.

Também é permitido usar incensos e fragrâncias diversas para este mesmo fim: seu equilíbrio para elevar a SUA vibração. Velas também são permitidas, caso isso lhe traga mais equilíbrio.

Salientamos: isso não faz parte do acesso, mas, sim, das suas escolhas na/para a 3D.

Não, se você já se encontra em equilíbrio, disposto(a) e em local calmo.

Agora, uma ótima notícia: com a prática constante, sua vibração será mais organizada, e seus sentimentos, mais estáveis e mais condizentes com frequências mais elevadas. Para exemplificar, veja a relação entre frequência (em Hz) e sentimentos:

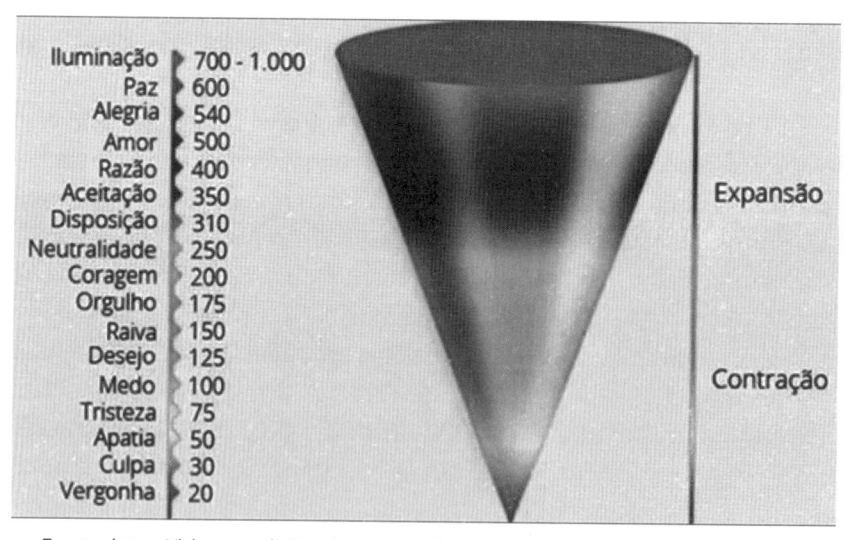

Sentimento	Frequência (Hz)	
Iluminação	700 - 1.000	
Paz	600	
Alegria	540	
Amor	500	Expansão
Razão	400	
Aceitação	350	
Disposição	310	
Neutralidade	250	
Coragem	200	
Orgulho	175	
Raiva	150	
Desejo	125	Contração
Medo	100	
Tristeza	75	
Apatia	50	
Culpa	30	
Vergonha	20	

Fonte: http://blog.medicinadoser.com.br (Acesso em 10/junho/2023)

Percebe quão importante é manter-se em vibração adequada?

Outro aviso que damos: é impossível, quando você acessar os RAs, voltar de uma sessão com sensações ruins ou de 175 Hz para baixo. Caso isso aconteça, algo não está/esteve de acordo: reabra seu Registro Akáshico e peça para a consciência que fizer contato [re]organizar suas vibrações.

Quando a consciência encerrar o contato, ou quando você sentir que não há mais o que trabalhar neste acesso nem para perguntar, profira a chave de encerramento.

Capítulo 10
As Chaves para Si

Como sugestão, indicamos que comece com as chaves a seguir. Após seu treino inicial, é muito provável que as consciências do seu Registro Akáshico informem alguma chave pessoal. Como já explicamos, não há melhor ou pior, apenas diferentes formas de acesso.

Leia-as em silêncio e as execute ou grave o texto com sua voz, a fim de que se concentre totalmente no que está sendo dito.

Limpeza do Local

A limpeza é opcional. Você pode fazer a seu modo.

Agora, imagino um raio de luz branca descendo do céu... Ele desce com a velocidade da luz, entrando pelo topo da minha cabeça, como um tubo de luz que vai descendo até o chão onde estou, e vai passando por todos os meus chacras. Sinto a organização e a limpeza de todos eles.

Então, imagino que esse tubo se expande e eu fico dentro dele, formando uma barreira externa no meu local ou nos muros da propriedade onde estou.

Agora, imagino que surgem do solo chamas violeta do fogo Divino Consumidor e Purificador, que vão subindo e queimando todo tipo de energia negativa, chegando ao teto de onde estou ou até o alto, dentro dos limites que criei com a parede de luz branca.

Imagino que meus pés espirituais tocam e entram no solo abaixo de mim, indo ao centro do planeta Terra. Agora, imagino que minhas mãos espirituais sobem e tocam o centro do Universo, fazendo com que eu me integre ao meio tangível e ao meio intangível.

Eu, agora, estou em conexão com a Mãe Terra e com o Mundo Celestial.

Que assim seja e assim é!

Ao passar por ritos ancestrais com um Maestro/Mestre Xamã do Peru, em meados de 2022, o escritor aprendeu a importância da conexão com a Mãe Terra e com o Firmamento, a fim de que você esteja integrado(a) aos meios físico e espiritual. Além disso, quando possível, faça suas preces com a face para o Leste, onde o Sol nasce, onde se inicia a Luz.

Abertura

Pronunciar em voz alta:

A partir de agora, eu saúdo a Divina Essência de "Eu Sou o que Sou" e abro a luz da Consciência Divina sobre mim, para que se ative esse contato, consoante à Lei Maior e à Justiça Divina de respeito, merecimento e necessidade.

Eu saúdo os Guardiões do Akasha, e a eles peço licença para adentrar seus domínios e que sejam iluminados os pontos obscuros na minha vida, a fim de que a luz do Divino Criador do Universo se faça presente, curando e dissipando as minhas sombras, e para que as dores sejam aliviadas ou mesmo desintegradas.

Que a Lei Maior, a Justiça Divina e o Amor Divino se façam presentes nesta hora da leitura, trazendo a verdade sobre fatos, não como julgamento, mas como esclarecimento de pontos relevantes para mim agora.

Peço que os Registros Akáshicos, em meu nome, [NOME], sejam abertos neste exato instante, para a orientação e a elevação do meu ser, pois é preciso caminhar adiante e no sentido da Luz Divina. Logo, só aceitando fatos é que eu posso enxergar o presente e as ações necessárias no futuro, cabendo a mim realizá-las ou não.

Por fim, declaro abertos os Registros Akáshicos em meu nome, [NOME], pedindo que minha intromissão mental esteja afastada de todo o processo, colocando-me apenas como um intérprete e simples canal das informações transmitidas pelos Senhores do Registro Akáshico aos seus porta-vozes.

Que a Luz Divina me permita trabalhar com seus Mistérios Divinos e que se faça presente em toda essa leitura, em nome de "Eu Sou o que Sou".
Os meus Registros Akáshicos estão abertos.
Que assim seja e assim é. Amém!

Fechamento

Eu agradeço a "Eu Sou o que Sou", à Luz Divina, aos Senhores do Registro Akáshico, aos guardiões do Akasha e dos Registros Akáshicos em meu nome, [NOME], por terem me dado licença para trabalhar com seus Mistérios Divinos e acessar seus códigos, suas informações, seus tratamentos, suas explicações e orientações para a melhoria da jornada do meu ser, em todos os aspectos e sentidos.

Agradeço pela jornada realizada e por todas as informações transmitidas por voz ou por outros meios, a fim de que eu entenda meu momento atual, meu momento passado, antepassado e até meu futuro de possibilidades. Que as névoas da indecisão e da confusão se dissipem e que tudo se mostre em claridade, para meu benefício e de acordo com meu merecimento e necessidade.

Agradeço, ainda, à Lei Maior, à Justiça Divina, além de a todas as consciências que, por meio do Registro Akáshico, com muita sabedoria, colocaram as palavras certas nas horas certas, trazendo luz, paz, bênção, compreensão e acalento para a minha vida e para meu exato momento atual.

Agradeço, por fim, aos Senhores do Registro Akáshico por terem enviado seus porta-vozes, que muito esclareceram os fatos relevantes, em diferentes níveis e dimensões.

Os Registros Akáshicos em meu nome, [NOME], estão fechados neste momento, em nome de "Eu Sou o que Sou".
Que assim seja e assim é.
Amém!

Pronto! Utilizem estas chaves com responsabilidade e respeito.

Capítulo 11
A Visão do Todo

Sempre que você fizer o acesso aos seus Registros Akáshicos, terá visões também... com o tempo ou imediatamente. Acalme-se, não serão visões de entidades grotescas, como relatam alguns dos praticantes de viagens astrais. Em capítulo anterior, explicamos que eles vagam por diversos campos e dimensões, nem sempre positivas, sempre de acordo com suas vibrações e/ou missões e vontades.

Salientamos, também, que há diversas formas de você receber as mensagens dos registros e, sim, sempre há alguma leitura, pois você fará a decodificação de textos, imagens, sons, sensações, etc. Em outros casos, as frases chegam prontas, diferentemente do texto que sua mente forma em sua cabeça, de maneira silábica.

Vale ressaltar que a visão do todo, tratada neste capítulo, pode variar para cada praticante do acesso aos Registros Akáshicos. É comum, aliás, que você trabalhe com sistemas representacionais: com um meio pelo qual você recebe a mensagem da consciência que se apresentou e que é encarregada para isso, sendo essa mensagem normalmente em um modo que podemos chamar de telepatia.

Isso significa que, em um dos tipos de comunicação, você receberá as frases claras em sua mente, como se lesse um texto já pronto em sua tela mental, geralmente proveniente de uma lateral da sua cabeça (só para lhe dar uma noção de direção, mas essa colocação é apenas alegórica, pois nem sempre você terá essa origem espacial). Esse meio é normalmente por onde as mensagens mais longas são transmitidas, as quais podem ser gravadas ou psicografadas, como já explicamos.

Outro tipo de comunicação usual é por imagens, normalmente formadas na sua tela mental, com uma origem frontal. Esse tipo de comunicação também é comum, e a mensagem é formada por alegorias ou cenas mais reais/literais, similares a um pequeno filme. Nesse caso, pode ser necessário que você pergunte claramente: "Qual o significado dessa imagem, desse _____ ou dessa _____?", dependendo do que está vendo.

Também é normal que o que está codificado pelos transmissores seja explicado imediatamente após a transmissão, por partes. Porém, caso ainda reste alguma dúvida, de sua parte ou da pessoa consulente, é totalmente necessário e permitido que você ou a pessoa pergunte o significado de X e Y, de um ponto e de outro.

Aqui, vale uma ressalva. As perguntas são bem-vindas, mas é sempre respeitoso, como em conversas no orbe terrestre, deixar a outra "pessoa" falar primeiro. A intromissão constante na mensagem/do(a) mensageiro(a) pode causar um impacto de não entendimento ainda maior em quem recebe a comunicação.

Ao longo das suas práticas, você perceberá qual é o momento de apenas "ouvir/ver/ler" e quando pode perguntar. Também é normalíssimo que muitas perguntas sejam respondidas antes de elas serem proferidas de fato. Isso acontecerá frequentemente quando você ou a pessoa consulente anotarem suas perguntas para aquele determinado acesso. Antes de a consciência comunicadora terminar a mensagem inicial, vocês já terão obtido a elucidação do que seria indagado.

No processo, por outro viés, é possível que novas perguntas apareçam, e o momento necessário e permitido para tal pergunta ficará bem claro. Como já salientamos, é normal que, ao longo do seu processo de amadurecimento como neófito, você vá entendendo como lidar com o andamento das diferentes modalidades de leituras e as diferentes "personalidades" das consciências que se apresentarão no contato.

Anotar perguntas antes é sempre necessário? Não exatamente. Por vezes, você sentirá algo como um chamado para abrir os RAs e receberá uma mensagem, fechando-o logo em seguida. Já mencionamos que há registro de tudo o que você fala, pensa, vive, vê, etc., assim como há em sua mente inconsciente, fato estudado em Psicanálise, Hipnose e outros campos. É como se você fosse vigiado(a) 24 horas por dia. Fazendo uma correlação com algo mais conhecido na sua cultura popular, acessar os Registros Akáshicos é como se você falasse com "seu/sua Anjo da Guarda", como alegoria.

Perceba que não gostamos muito de nomear seres, pois somos mais preocupados com a sua função que com seu título. Todavia, em certos casos, sim, você terá alguma referência de nome, a fim de se dirigir àquela consciência por algum motivo e/ou necessidade. Ela quem decidirá se nomear ou não.

Outra ressalva importante é que, em certas religiões, o nome de uma "entidade/consciência" que se manifesta não representa quem ela realmente foi, mas a função que ela desempenha, neste momento de sua jornada no campo espiritual. Cada nome/função atua em uma faixa vibratória, por isso, em determinados ritos, são separados por linhas, egrégoras, culturas, origem, área de atuação, etc. Por essa razão que se diz: "ahhh, para esse assunto, fale com...". Isso também poderá acontecer numa consulta: a consciência contatada pode ser trocada durante a conversa.

Nas primeiras linhas do Prefácio mencionamos que os Registros Akáshicos são portais multidimensionais. Logo, todo tipo de ser da Luz, ou pelo menos neutro, não encarnado, poderá fazer contato com quem está realizando o acesso. Por isso, explicamos sucintamente que, ao longo dos treinos, dos anos, haverá como uma formação de novas "portas" dentro dos Registros Akáshicos, as quais os levarão a determinadas e a diferentes egrégoras.

Esse é um terceiro tipo de comunicação que normalmente se dá pelo lado direito, só por simples referência (isso pode ser totalmente o inverso ou diferente para você), quando há seres que precisam se comunicar, como os desencarnados na 3D, por exemplo, parentes e amigos, ou como seres que se encontram em certos lugares e que não seguiram suas jornadas para outros destinos espirituais. Lembramos que os que já estão em seus lugares de destino, em outras orbes, também poderão fazer contato. Todos podem fazer contato, desde que autorizados pela Fonte Criadora e pelos Senhores dos Registros Akáshicos.

Como exemplo, seus guias, mentores, protetores espirituais, entes queridos conhecidos e desconhecidos, instrutores reconhecidos ou não reconhecidos podem, sim, fazer contato com vocês por meio dos RAs, lembrando sempre que é por necessidade identificada pelos Senhores dos Registros Akáshicos e da Fonte Suprema, não a seu pedido. Ou seja, não é comum que você peça o contato com X consciência. É comum que você sinta como "alguém batendo à porta", alegoricamente descrevendo. Quando isso acontecer e você puder, vá para um local calmo, faça uma prece consciente e entre em seu Registro, fazendo o contato necessário.

Também é comum que você receba o "presente de uma visita" de algum ser com quem trabalha em uma religião ou rito, comunicando-se diretamente com essa consciência por meio do seu Registro, fato que "só" é/era comum a videntes ou clarividentes/clariaudientes que já conquistaram esse "dom" em outras passagens na sua jornada de amadurecimento espiritual. Quem sabe, um dia, você receberá uma mensagem assim: "Abra aquela porta e veja quem está lá...". Só seu treino e sua jornada individual poderão levá-lo(a) a essa experiência.

Percebe como não é "ao acaso" nossa longa explicação e treinamento inicial com e sobre VOCÊ no acesso aos SEUS Registros Akáshicos?

Percebe como um "curso" de fim de semana muitas vezes é insuficiente para você se preparar, e talvez nem sequer para entender melhor os Registros Akáshicos? Mas, sim, ele é importante para que você conheça e até experimente. Não vemos problema em você fazer um curso, mas no que pensa que fará com ele de imediato. A diferença é que há muito mais conhecimento a ser passado, e esse é um dos motivos pelos quais esta obra está à disposição.

Os conhecimentos acabam aqui? NUNCA.

Se a Fonte Criadora é infinita, como bem sabemos, os conhecimentos e os conteúdos sobre o que é, como e para que acessar seus Registros Akáshicos são tão grandes e infinitos quanto seu próprio Criador.

Não temos a mínima intenção de colocarmos aqui as "verdades únicas e absolutas sobre os Registros Akáshicos", tampouco desmerecer os professores e os cursos mais rápidos, pois seria uma contradição. Nosso intuito é tão somente o de fazê-los refletir sobre a imensidão de outras possíveis realidades e possibilidades. Por isso, não contradizemos o que lhes foi ensinado nessas ocasiões, mas apenas damos novas pistas, novas rotas, novas informações, novos rumos e novos objetivos, os quais esperamos que sejam proveitosos à sua jornada pessoal.

Por "falarmos" em prece, agora vamos mostrar um processo mais sucinto de acesso para esses casos e para quando vocês não tiverem a chave de abertura em mãos.

Abertura
Sente-se e coloque suas mãos na altura de seu chacra cardíaco (da forma que você achar melhor). Feche seus olhos, abaixe um pouco sua cabeça e siga a seguinte ordem:

- **peço licença à Fonte Criadora;**
- **peço licença aos Guardiões do Akasha;**
- **peço licença aos Guardiões dos Registros Akáshicos;**
- **peço licença aos Senhores dos Registros Akáshicos;**
- **peço licença aos Guardiões do meu Registro Akáshico para fazer contato neste instante e que eu receba as mensagens necessárias para meu atual momento, sem minha intromissão mental;**
- **então, peço que meus Registros Akáshicos sejam abertos agora, em nome de "Eu Sou o que Sou";**
- **os Registros Akáshicos em meu nome [*NOME*] estão abertos agora, que assim seja e assim é, amém!**

Fechamento
Sente-se e coloque suas mãos na altura de seu chacra cardíaco (da forma que você achar melhor). Feche seus olhos, abaixe um pouco sua cabeça e siga a seguinte ordem:

- **agradeço pela abertura consciente dos meus Registros Akáshicos agora, em nome de "Eu Sou o que Sou";**
- **agradeço pela licença dos Guardiões do meu Registro Akáshico, por eu ter feito esse contato neste instante e por eu ter recebido as mensagens necessárias para meu atual momento, sem minha intromissão mental;**
- **agradeço a licença dos Senhores dos Registros Akáshicos;**
- **agradeço a licença dos Guardiões dos Registros Akáshicos;**
- **agradeço aos Guardiões do Akasha;**

- **agradeço pela licença da Fonte Criadora;**
- **meus Registros Akáshicos estão fechados agora. Que assim seja e assim é, amém!**

Caso sua "religiosidade" não aceite a palavra "amém", finalize no trecho "que assim seja". Entendemos sua posição e respeitamos sua crença. O que importa é respeitá-lo(a).

Com a abertura, é provável que você, por imagem mental, veja uma porta à sua frente, ou seu modo corriqueiro de acessar seu campo de Registro e já o adentre. A partir daí, o que acontecerá depende de quem o(a) "chamou". Mesmo que não haja um chamado, depende da consciência que se apresentar para direcionar o conteúdo.

Lembramos que essa abertura é para SITUAÇÕES PESSOAIS e de contato próprio com SEUS Registros Akáshicos. Não a aconselhamos para leituras para outras pessoas. Desse modo, quando você estiver apto(a) a receber a sua própria chave de abertura, perceba como ela não será assim simplificada. Também salientamos que, ao longo do seu processo, mesmo essa chave de acesso mais curta pode ser modificada pelos seus mentores/guardiões, etc.

Como explicaremos mais adiante, o contato com os Registros Akáshicos pode ser utilizado para criação de diversos conteúdos, como está sendo usado para criar praticamente 90% desta obra. Essa porcentagem decorre do fato de que, por vezes, passamos "a caneta" para o receptor e ele coloca alguns detalhes, como quando há necessidade de pesquisa de algum termo, de algum gráfico ou de algum conhecimento que é de sua posse, em razão de sua caminhada terrena.

Por esse motivo, ao longo desta obra há pequenos pontos inspirados na própria experiência do receptor. Aqui, não se trata de "apropriação de ideia", mas de homenagem em função da importância daquele muito pequeno ponto, em comparação ao corpo desta obra, e de quem o ensinou ao longo da jornada pessoal do receptor.

O detalhe, novo, talvez, sobre essa "parceria" entre você e os RAs é que, com o tempo, o treino e o amadurecimento de sua trajetória como canal, você também poderá criar algo com o auxílio/a parceria mais consciente de ajuda "externa". Muitos seres humanos já o fazem sem o treinamento proposto aqui e chamam isso de "dom". O que talvez não seja explicado em Terra é que esses "dons" são naturais em alguns seres e podem ser treinados em outros, pois a Fonte Criadora não daria um "presente" a um(a) filho(a) e não a outro(a). Já salientamos que as chances são iguais para todos, os presentes são iguais, mas nem sempre o recebimento é aceito.

O que difere é que uns precisam se interessar por evoluir e outros já passaram por esse processo antecipadamente, o qual se traduz em aprendizado em outras existências/missões físicas ou não, nesta sua dimensão ou não. O problema – terrestre – é quando essas pessoas se julgam acima das outras e/ou únicas. Por favor...

Como citam alguns estudos já publicados no orbe terrestre, a ação Divina é inerte quanto ao que cabe a cada consciência em propósito de seu próprio desenvolvimento, de seu interesse, de sua visão própria de necessidade. Alegoricamente, é como a energia/vibração de uma vela acesa: ela precisa de intenção para agir em movimento. A isso, dá-se o nome de "Magia", leia-se, movimento. Caso contrário, será/é apenas um pavio aceso no ambiente.

Em uma passagem de vida do receptor, houve um fato interessante. Quando ele citou que gostava de realizar cursos, uma consciência encarnada disse "Chico Xavier nunca estudou para fazer o que fazia". O receptor apenas respondeu: "pois é...". Só por isso ninguém vai buscar fazer um curso para entender aquilo que ainda não sabe? Por favor... O triste detalhe é que, para alguém fazer parte da corrente espiritualista da casa onde a consciência encarnada congrega, há um curso inicial de oito meses. Sim, o ser humano é assim mesmo... Perceba, pois, que não somos contrários a cursos, mas ao imediatismo humano.

Deixamos aqui a mensagem de que há diversas formas de buscar conhecimento, e todas são lícitas. Se você sempre buscou na prática, está ótimo! Se você sempre buscou na sua intuição, está ótimo! Se você sempre buscou na sua vivência de contatos diversos com suas consciências afins, está ótimo! Se você buscou por cursos, está ótimo! O que queremos ensinar aqui é que o importante é não parar nunca, afinal, é conhecimento que você trará para o mundo intangível. Isso você sabe muito bem.

Essa "mania", por assim dizer de modo bem coloquial, ao estilo terreno, de alguém tentar menosprezar sua jornada é comum nos seres humanos, e isso já aconteceu ou vai acontecer em vários momentos em sua vida, certo? O que você e o receptor precisam aprender, de vez, é que não é para todos que você pode comentar sobre sua jornada. Ela é sua. Só sua.

A Fonte Criadora trabalha em um silêncio ensurdecedor, como aquele silêncio do seu primeiro contato "oficial", consciente, com seus Registros Akáshicos, após a frase "os Registros Akáshicos estão abertos neste momento".

Lembra-se da sensação do vazio? O vazio, por vezes, é a melhor resposta e já avisamos que isso também pode acontecer para algumas perguntas não relevantes naquele momento. Algumas perguntas (ou todas) de resposta SIM, NÃO e QUANDO provavelmente ficarão sem resposta, ou seja, no vazio. Se o TEMPO no mundo tangível é importante, no mundo intangível, como deve ser já de seu conhecimento, não é da mesma forma como os encarnados o percebem.

Agimos sempre no agora, nas suas necessidades atuais. Refletimos sempre sobre o que já foi escrito na sua linha da jornada de evolução, no seu Livro da Vida. Sobre ele, existe citação em um famoso livro (Apocalipse 20:12): "Outro livro foi aberto, o Livro da Vida. Os mortos foram julgados de acordo com o que tinham feito, segundo o que estava registrado nos livros". Refletimos sobre como o agora pode influenciar sua jornada de evolução no futuro próximo ou mais longínquo. São diversas as possibilidades, por isso SIM e NÃO são considerados respostas descabidas de uma consciência dos Registros Akáshicos.

Esperamos que, com esse complemento de informação, você possa entender melhor por que indicamos certos padrões de perguntas, e não indicarmos esses dois últimos tipos, particularmente.

Capítulo 12
As Personalidades e as Diferenças

É muito comum surgirem dúvidas sobre quem irá fazer contato com você ou, por meio de você, com seu(sua) consulente.

Nesse contexto, vale ressaltar que, assim como é infinita a Fonte Criadora, é infinita a possibilidade de diferentes consciências da Luz.

Não, novamente, não há como você fazer contato com consciências errantes, caso realmente esteja em consonância com os Registros Akáshicos. Isso é uma pequena ressalva por haver certas "técnicas" que levam a pessoa a estados hipnóticos, mas não a Registros Akáshicos.

Qual a diferença? Nos estados hipnóticos, você está em contato com sua mente inconsciente/subconsciente, não com alguma consciência dos/nos Registros Akáshicos. Nesse caso, há propensão de seres de altíssima vibração, como santos e personalidades elevadas, aparecerem já na primeira suposta abertura do Registro Akáshico. Seriam alegorias? Quem sabe...

Como já dissemos, é comum? Nem sempre, mas pode acontecer, caso seja necessário para a pessoa naquele momento, pois sempre você passará pela expansão do consciente para o inconsciente e, depois, para o contato com os Registros. O ideal é não parar no inconsciente e caminhar para o que pode ser chamado de supraconsciente. Por vezes, sem a devida oração/chave de acesso, sua mente tomará a frente e travará o "ir além". Por esse simples motivo é que há, na oração/chave de abertura, a frase *"... que minha intromissão mental esteja afastada de todo o processo...".*

Quando usada a chave correta, não há esse risco. Não se pode abrir a porta errada com a chave certa.

Sem a chave (pedido, intenção falada ou escrita), mas só com técnica de visualização criativa, sim, há grande risco de ser um processo hipnótico, mas de não ser um acesso a alguma consciência (dentro) dos Registros Akáshicos.

Há também quem já tenha escrito sobre a possibilidade de ampliar/expandir a consciência pelo processo hipnótico. Sim, como expansão da consciência, a viagem astral também faz esse trabalho, assim como tantas outras técnicas ou substâncias.

Mas é preciso entender que, se você precisa de duas chaves para acessar um local, usar apenas uma delas só fará com que você acesse unicamente a câmara anterior, não a "sala principal". Por esse motivo, perceba que, no seu treino inicial, não há visualização criativa de nada.

A **primeira técnica**, descrita no Capítulo 4, como bem explicado, é para harmonização sua e do local, quando for necessário. **Essa técnica recebeu o nome de EXERCÍCIO COM LUZES, e vale ressaltar que ela não é para acessar os Registros Akáshicos.**

A chave/oração de abertura, por sua vez, leva/conecta sua consciência COM OBJETIVO e PEDIDO para/com os portais dos Registros, com intenção e devido direcionamento SEU. Sim, é pessoal.

Seja na chave mostrada aqui, seja noutra com o mesmo intuito, seja naquela que seus próprios mentores passarão a você, após muito treino e constância, leia o conteúdo e perceba: há um pedido de acesso, uma intenção e um destino.

Apenas o fato de fazer a visualização criativa de uma porta/um portão, com alguém do outro lado servindo de "guia" para você acessar o que nem sequer foi "pedido", provavelmente não renderá o resultado esperado. Ou seja, não é preciso imaginar um caminho, um portal, nem qualquer outra coisa, para acessar seus Registros Akáshicos. É necessário proferir a chave/oração de abertura e se colocar em modo receptivo.

É por isso que algumas pessoas, que têm contato com essa variante técnica, frustram-se por não se perceber no Registro. Há, inclusive, uma fala: "O acesso aos Registros não é para todos, mas, sim, para pessoas com uma caminhada de expansão da consciência...". Por favor... Sabemos também que há quem "diga" que sua chave/oração leva ao centro dos Registros Akáshicos. Sobre isso, deixamos uma pergunta: como ir ao centro do que não tem começo, nem meio, nem fim? Por favor... Precisamos realmente comentar depois de você ter chegado até aqui?

Deixamos uma dica para você entender o que de fato queremos dizer: leia a oração/chave de abertura para você, e entenda a diferença entre ela e um processo de **visualização criativa**.

Veja um conceito, em cópia literal, do que **ela** é e do que está escrito na propaganda de um livro sobre o assunto:[3] "Este manual prático (de visualização criativa) ajuda as crianças a cultivar e a **desenvolver sua habilidade natural de criar imagens** e a usá-las de forma criativa para vencer os desafios".

Perceba como é totalmente diferente de você ficar em estado receptivo e as mensagens/imagens/sons/percepções surgirem. Cuidado: "a mente MENTE".

Também não é acesso a Registro o leitor(a) ficar fazendo "leitura fria", ou seja, perguntar muita informação da vida do(a) consulente antes ou durante a consulta. A informação precisa ser dos Registros em direção à pessoa. Limite-se, leitor(a), a transmitir o que recebeu, e já será um grande trabalho para a Luz e pela Luz.

Por esse motivo, é inadequado que o(a) consulente dê qualquer tipo de informação a você antes da sessão. Se o acesso for remoto e não ao vivo, no máximo, a pessoa lhe passará a quantidade de perguntas que você determinar. Só. Saia do medo, do comum. Passe da antessala e ouse ir para a sala principal.

Agora, voltando às personalidades que se apresentarão em uma sessão de contato com seus Registros Akáshicos, ou com os de outrem, há inúmeras possibilidades, como já citamos.

Existem variações até mesmo no "humor" das consciências, apresentando-se de maneiras diversas, como mais sérias, joviais, taciturnas, comedidas ou incisivas (por vezes, parecendo um pouco duras). No entanto, TODAS se mostram ao(à) leitor(a) com tranquilidade e tato no uso das palavras.

Isso não quer dizer que você ou seu(sua) consulente "ouvirá" apenas palavras doces e mensagens de que você é o Rei Arthur ou a Cleópatra reencarnados. Quanto maior a comorbidade, maior a dose... Reflita.

Novamente, não confunda o que sua mente espera com o que precisa ser dito.

---

3. Fonte: <https://www.amazon.com.br/Visualização-Criativa-Shakti-Gawain/dp/8531507073> (Acesso em 15/jun/2023)

Quanto mais devaneios no caminho, maior será o "remédio" a ser tomado, a fim de que volte à consciência da rota do desenvolvimento e não fique num estado doentio de autopiedade, autocomiseração ou autoestima baseada no seu EGO, numa autovalorização que só visa a esconder de si seus próprios "erros/tropeços".

Como também foi escrito na chave/oração de abertura, "... *só eu aceitando fatos e me curando das dores é que posso enxergar os fatos do presente e as ações necessárias no futuro, cabendo a mim realizá-las ou não*".

Para terminar, num acesso a SEUS Registros Akáshicos, mais de uma consciência pode se apresentar ao mesmo tempo, fazendo disso uma conversa com mais de uma fonte de informação. Nesse sentido, fique em paz, pois todas só "falarão" na sua ordem, no seu tempo, na sua necessidade e missão para ajudá-lo(a).

Quando você atender alguém, perceberá que é comum haver uma "conversa" entre três consciências: a que se apresenta no Registro Akáshico, a sua como tradutor(a) e a do seu(sua) consulente.

Já que citamos algumas outras técnicas, por mais que você tenha quase uma centena de cursos de diversas terapias, inicialmente não as utilize nem misture com o acesso aos Registros Akáshicos. Caso contrário, poderá cair no erro de pensar que uma atuação nos Registros foi [*in*]suficiente, quando, em verdade, o que aconteceu foi uma [*não*] melhoria, mas por qual técnica?

Findando este longo capítulo, misturar tudo o que sabe é como acender uma vela para todos os "santos/anjos/arcanjos/deidades/seres mitológicos" ao mesmo tempo. O máximo que vai resultar é em "ciúmes", se nos permite relativizar essa ação com um sentimento humano que não é muito positivo, concorda?

Tenha foco, sabedoria e discernimento.

Caso você sinta essa necessidade, só depois de muito treino, saberá qual técnica poderá usar junto aos Registros Akáshicos. Mesmo assim, com muita parcimônia e escolha coerente. Recomendamos que o sistema aqui ensinado, neste caso, seja primordial e suficiente. Tudo lhe é permitido, mas nem tudo lhe convém. Lembre-se disso.

Capítulo 13

As Mensagens

Sim, nós já descrevemos uma maneira muito comum de mensagens serem transmitidas: uma inicial e uma abertura às perguntas de quem acessa os Registros Akáshicos.

Há leitores(as) que, ao praticarem esse acesso para outras pessoas, limitam a quantidade de perguntas. Isso é correto? Sim, na visão desses indivíduos. A nós, pouco importa. Há também quem não as limite. Isso é correto? Sim, na visão dessas pessoas. A nós, pouco importa.

Lembre-se: você faz parte do Registro e não o contrário. Já explicamos também que é como um "Anjo da Guarda", que tudo acompanha 24 horas.

Por esse motivo, não se assuste se esse fato acontecer: quando você indagar seu(sua) cliente sobre a existência de mais perguntas, ele(a) pode não ter mais nenhuma e ainda mencionar que muitas delas já foram esclarecidas. Ainda, pode acontecer de terminarem as perguntas e sobrar um tempo de consulta.

Para esse caso, deixamos uma dica muito utilizada pelo escritor deste livro. Pergunte à consciência que se apresentou: **"Qual outra mensagem precisa ser passada? O que mais tem a me dizer agora?"**. Invariavelmente, a consciência encaminhará a conversa para outro campo e, sem nenhuma surpresa, será algo muito relevante que nem sequer foi pensado para a consulta em andamento. Só que isso apenas acontece quando sobra tempo.

Inclusive, recordamos que uma hora de atendimento é tempo suficiente, quando em consultas a outrem. Para si, é comum durar em torno de 30 minutos. Grave e veja o tempo da gravação. No início, já comentamos que pode ser por escrito. Tudo depende do que você achar mais adequado. Teste. Teste-se.

Isso é um padrão de limitação? Não. Esperamos que já esteja claro que são ideias para você ter uma noção das possibilidades.

Nada melhor do que sua prática e seus próprios mentores e mentoras ensinarem aquilo que nem caberia em mais 500 páginas deste livro. Nosso intuito aqui é apenas dar uma visão e sugestões sobre o que é o acesso aos Registros Akáshicos; o que é uma sessão; como é praticar uma consulta para si e outrem; caminhos; possibilidades; e sobre você. Afinal, como parte da Fonte Criadora, só se limita quem vive dentro de muros mentais.

Apenas pedimos que... **vá com calma**.

Reiteramos que pular etapas também não é saudável. Subir no podium sem nem sequer treinar não nos parece adequado, concorda?

O teor das mensagens também é muito variado... Elas podem ser baseadas em alguns poucos (muito poucos) conhecimentos prévios do canal, bem como fundamentar-se (na maioria das vezes) em algo totalmente inédito. Sim, ao longo dos acessos, mesmo para outras pessoas, você, canal, também aprenderá muitos conteúdos novos. Quando a consulta for para outra pessoa, permanecerá apenas o conteúdo que também servir para seu aprendizado. Como em outras práticas, o que foi falado no campo pessoal será apagado.

Ademais, lembre-se de que você, a consciência e seu(sua) consulente serão um "triângulo" ou estarão numa mesma "mesa de conversa". Como numa mesa, as informações são passadas para todos, só que você será responsável pela decodificação. O(a) consulente também receberá as informações, inconscientemente, afinal, todos serão afetados pelas emanações do Registro.

Quando é uma abertura pessoal, que deve acontecer por meses ou anos, até você abrir para alguém, você irá se "intrometer" na "conversa" quando for para a sua pergunta ser realizada.

Quando estiver em consulta a outro Registro Akáshico, sua intromissão será, no máximo, para explicar algo sobre o processo ou um conhecimento seu. Nesse caso, **é preciso avisar que é você quem "fala"**, não uma mensagem de origem externa. Deixe sempre claro o que está se passando.

No mais, tudo vem da consciência ou das consciências em contato naquele momento. Elas poderão "falar" em uníssono ou em diferentes momentos, juntas, ou mesmo podem ser trocadas. Ainda, outra conversa pode iniciar e outra parte da explicação pode lhe ser enviada sobre o tópico anterior. Isto é, tudo é possível e nada é estático.

Ao longo da sua jornada, neófito, perceberá bastante do que estamos ensinando aqui e muito mais. Lembre-se de que o caminho é só seu, nós apenas somos uma bússola.

Quanto a mensagens/perguntas, não há nada proibitivo, mas há o que não será respondido, como já salientamos. Por outro lado, o escritor já fez uma pergunta QUANDO para a consciência dos seus Registros e ela respondeu de outra forma, pedindo-lhe desculpas pela pergunta que ele sabia que não era bem-vista pela característica/regra dos Registros Akáshicos.

Para sua alegria, a resposta foi melhor do que a pergunta realizada.

Outrossim, já aconteceu, também, de uma pergunta de um consulente ainda na fase de treino de leitura para outrem não ter sido respondida e a consciência no Registro Akáshico só "falou": "não é relevante; próxima". Apesar de o(a) consulente não ter gostado, o respeito devido foi dado e a consulta continuou.

Uma dúvida que pode surgir é se há possibilidade de alguém pedir uma consulta e nada ser respondido ou ficar um vazio. Sim. Há possibilidade, e os motivos podem ser:

a pergunta não é relevante naquele momento de vida do(a) consulente;

o canal de transmissão não está devidamente preparado para a consulta;

por último, e não menos importante, os(as) mentores(as) de seu(sua) consulente bloquearam o acesso, pois há algo em desacordo com quem pediu ou fez/tentou fazer o acesso.

Por vezes, pode ser que o(a) consulente tenha sido avisado(a) de que não era para pedir tal consulta, mas insistiu. O resultado somente pode ser um só: bloqueio total e/ou inversão de sinais. Isso é comum? Não, mas pode acontecer.

Você já passou por uma consulta oracular em que praticamente 95% do conteúdo estava em desacordo com sua realidade atual ou pouco anterior? Ou teve uma consulta em uma religião que trabalha com contato com entidades "incorporadas" em que o canal/médium não estava bem conectado? Reforçamos que o acesso a Registro Akáshico não é incorporação em nenhum nível/modo. Isso não é anormal.

Nesse sentido, caso aconteça isso com você numa consulta, não "jogue" a culpa na pessoa que pediu a sessão. Como já foi citado aqui, "tudo posso, mas nem tudo me convém". Traduzindo para nosso contexto: "tudo é possível, todo acesso é possível, mas nem sempre convém naquele momento, assim como nem toda pergunta será respondida". Por vezes, no caso dos Registros Akáshicos, a pessoa terá mais que ouvir do que falar/perguntar. Agora, ficar sem mensagem totalmente, não é acesso a Registro.

Ainda sobre mensagens, não há informações truncadas e cheias de travamentos. Não há palavras de baixo calão, tampouco ofensas. A função do Registro é de levar Luz à escuridão da dúvida, do medo e de outros problemas. Por esse motivo, qualquer dúvida pode ser perguntada à consciência que está em contato com você ou por meio de você.

Novamente, sempre aconselhamos gravar/registrar em papel as mensagens e todo o Registro. Caso grave, ouça novamente e anote os pontos mais importantes, incluindo dicas e orientações. Caso faça a abertura para outra pessoa, grave a consulta após a chave de abertura e encerre a gravação antes da chave de encerramento.

Envie o áudio imediatamente após o término do acesso e peça que a pessoa ouça-o mais tarde, com atenção e paradas para anotar e em um caderno muito particular destinado a isso. Não é uma mensagem para ser publicada aos sete ventos ou de sete modos (ou mais). É algo pessoal e restrito, tanto que é esquecida pelo receptor, ficando apenas o conteúdo de aprendizagem sobre algo externo ou sobre o Registro, mas não sobre a pessoa.

Ademais, sublinhe que, durante a revisitação à mensagem, caso venham ideias novas, que estas sejam anotadas ao lado da mensagem gravada/anotada originalmente. Caso surjam dúvidas a respeito disso, que o(a) consulente peça ajuda ao canal receptor. Caberá ao canal responder ou não, pois podem ser perguntas de conteúdos que não foram tratados na consulta. O canal não tem qualquer obrigação de responder ao que não foi tratado, afinal, a consulta não foi com o canal, mas por meio do canal. Seja um(a) mensageiro(a), mas não se transforme na própria mensagem.

Capítulo 14
Possibilidades nas Leituras

Devemos salientar que, talvez, seus primeiros contatos sejam apenas por meio de algumas luzes e imagens não muito formuladas/nítidas... Isso é normal, pois, como em todo sistema de conexão consciencial, há o ajuste do seu campo vibratório com o de destino ou com o da consciência que faz/fará contato. Está tudo bem. Algum leitor(a) talvez já tenha acesso a muito mais. Porém, estando em estado receptivo, sim, você estará já em contato com os Registros Akáshicos. Depende do seu campo vibratório e do ajuste necessário (maior ou menor).

Como já dissemos, a aparência do seu Campo/Registro Akáshico, por ser o SEU, é tão variada quanto a quantidade de consciências existentes no Universo.

Com o treino, você perceberá que há um certo lugar-comum no *modus operandi* e no local que será o de SEU contato. Pode variar? Logicamente, sim, porém, é mais comum haver certa constância.

Como já explicado, o importante é VOCÊ não criar as imagens, e sim realmente "desafiar", por assim dizer; é tornar-se disponível/receptivo(a) ao nada inicial para que o que é preciso se apresente/seja apresentado a você. Alguns tentarão ver com os olhos físicos. Por esse motivo, indicamos ficar com os olhos fechados e sem iluminação no alcance do seu rosto, pois uma lâmpada ou uma janela aberta, bem como uma tela de aparelho eletrônico, pode ser motivo de alguma imagem/impressão na sua retina, mesmo de pálpebras fechadas, e você confundirá isso com imagem proveniente dos Registros Akáshicos.

Não é preciso ficar num quarto em penumbra total, pois não é um ritual, mas, sim, um contato. Contudo, incidência de luz diretamente contra seu rosto pode enganar sua mente.

Além disso, procure ver com os olhos da mente, a sua tela mental. Uma boa dica é fechar os olhos e pensar na imagem de uma tela monocromática à sua frente. Só que não é como criar uma sala de cinema... É como se você ficasse a 15 centímetros dessa tela, não conseguindo enxergar suas bordas, como uma tela infinita. Só isso já será suficiente.

Lembramos que sons podem ocorrer, assim como vozes e, até mesmo, surgir uma mensagem, como uma frase pronta, não formada si-la-bi-ca-men-te pela sua mente. Ainda, recorde que essa é a diferença entre uma mensagem criada por você e uma mensagem proveniente dos Registros.

Andando mais adiante na sua jornada... É fundamental destacar que, às vezes, durante seu treino pessoal, haverá passagens da sua vida das quais você não se lembrará conscientemente, mas que deverão ser visitadas, por meio da leitura dos RAs, após já ter se familiarizado com o sistema do Registro Akáshico. Você será convidado(a) a tratar de certos pontos da sua vida, constituindo uma parte crucial do processo: sua permissão.

Tais passagens serão trazidas pela **consciência** em contato, mesmo que você não a veja no início (ou depois). Algumas consciências simplesmente não se mostram, mas se fazem notar. Quando se deixam "ver", são de roupagem simples, normalmente não mostram rostos inteiros, suas roupas possuem poucos detalhes e são normalmente formadas por luzes; por vezes, são bem disformes, como véus esvoaçantes. Claro que, como há sempre possibilidades de variação, algumas delas podem se apresentar de forma mais característica com culturas/costumes terrestres. Não nos cabe essa distinção. Cabe apenas a quem se apresentar ou não.

Voltando ao tema tratamento, este não é de sua responsabilidade, mas seu pedido e sua autorização, sim. Isto também é uma função dos Registros Akáshicos: tratar e iluminar as sombras, desobscurecê-las dos erros e colocar tudo possível à claridade da Luz dos acertos.

Alguns podem se perguntar: "qual é a medida do que é certo e errado?". Nossa resposta será bem simples: sua consciência. Ela varia de acordo com sua evolução consciencial. Pense conosco, analise... Quais fatos do seu passado terrestre, **HOJE**, são vistos como naquela época, com mesmo peso/valor? Quais fatos passados, **hoje**, são vistos como errados/indevidos/inadequados por você mesmo(a)?

Alguns ainda podem nos dizer: "... ah, mas eu estava certo naquela época...". Sim, só que o advérbio que usamos foi **HOJE**.

Novamente, você é o centro da questão, não nós, não alguém, não um canalizador, nem um fato, um motivo, uma razão...

Percebe que os Registros Akáshicos não servirão de "Santa Inquisição" a ninguém? A única "fogueira" indicada é a fogueira das vaidades. Fora isso, tudo são fatos e, como fatos, podem ser analisados/revistos e repensados.

Por outro lado, sim, serão intuídas algumas "ações" da sua parte, dentro dos domínios do Registro, a fim de que você mesmo ajuste seus feitos ou desfeitos. Nunca haverá qualquer pedido de rito/ritual físico no plano terrestre. Quando isso ocorre, é por motivo de que alguma consciência ainda ligada ao plano terrestre teve permissão de se comunicar por meio do seu contato com o Registro Akáshico, e isso não resulta em problema algum. Você perceberá a diferença entre um conteúdo e outro. Como explicamos anteriormente, durante sua jornada de desenvolvimento, haverá um discernimento entre o que é mensagem do Registro, imagem só para ilustrar algo e contato com um ser desencarnado, mas já com autorização para o uso desse canal.

Trabalhar com/nos Registros Akáshicos é levar Luz ao que falta Luz, seja no campo emocional, seja em outras áreas. Luz também significa esclarecimento. Perceba a etimologia da palavra esCLAREcimento, que torna claro ou compreensível o obscuro e o duvidoso. É também uma terapia. É também uma ação. Mais ainda, é um caminho para se redimir de erros, tratar quem você prejudicou, rever ações inadequadas e, com a ajuda dos mestres, dos guardiões e/ou de outras consciências, ter a honradez de [des]fazer o que for necessário/pedido/intuído.

Minimamente, você deve conhecer que fatos presentes são resultantes de fatos pretéritos. Os Guardiões do Registro, seus(suas) mentores(as) e todos os demais que olham por você analisam sua linha de desenvolvimento da célula de consciência una que é você, desde sua individuação da Fonte Original. Nela, estão marcados os caminhos e os descaminhos da sua trajetória, da sua jornada. No que for possível e permitido, no que for de merecimento e necessidade, você será intuído(a) a agir ou será questionado(a) se as consciências do Registro podem atuar naquilo em que você não tem condições/maestria para atuar sozinho(a), mas já tem permissão da Fonte Criadora, principalmente, e dos Senhores do Registro para iluminar/clarejar.

Nesse sentido, pode acontecer de mostrarem cenas, fatos. Você sentirá, ou será explicado a você, o que precisa ser feito ou autorizado. Isso poderá ser muito comum ao atender outras pessoas em suas consultas ao Registro Akáshico delas ou ao seu.

Nos treinos pelo quais o escritor-receptor passou, houve, sim, muitas situações de acertos. Eram como filmes que iam surgindo e precisavam ser "alterados", ajustados... Ou, ainda, partindo daquela cena, ele escolheu o que realizar e assim foi realizado, a fim de que conseguisse colocar luz nas trevas que causou, por exemplo. Tudo com orientação/supervisão da consciência responsável pelo seu acompanhamento em seus Registros.

Percebe como Registro Akáshico não se trata só de um bonito livro para ser lido, o qual se encontra em cima de uma linda estante de madeira?

Isso muito difere de experiências em que você ingeriu alguma substância, foi levado(a) às suas sombras, mas não houve acompanhamento de um ser encarnado na 3D ou mesmo de um "guia" dentro do ambiente consciencial em que você se encontrava... Você foi, viu, sentiu, sofreu e voltou.

[Re]pense. O que mudou?

Com essa possibilidade do Registro, muito do que você passa hoje ou já passou poderá ser esclarecido, desde que seja relevante para sua vida atual.

O acesso aos Registros Akáshicos não se trata de um apagamento cármico apenas, mesmo que você não acredite nesse termo que significa ação ou ato deliberado (tradução do Sânscrito). Trata-se de um resgate e/ou de uma limpeza; melhor ainda, de um entendimento da linha de desenvolvimento da sua consciência, de acordo com o que a Fonte Original permitir e os Senhores do Registro Akáshico passarem às consciências incumbidas do contato, da orientação.

Entende por que ingerir algo ou fazer uma técnica sem orientação e se lançar à sorte é muito perigoso?

No orbe terrestre, inúmeros relatos registram casos de indivíduos que, após consumirem substâncias, partiram para destinos desconhecidos, sem nunca mais retornarem a qualquer ponto específico.

Em trabalho consciencial, é bastante necessário haver rota de ida e volta, de um guia. Isso também acontece, beneficamente, em viagem astral, por exemplo, por meio de um guia consciencial, com missão a cumprir, com ida e devida volta seguras. Ou numa experiência com medicinas ancestrais, sempre com o acompanhamento individualizado. Isso já dá uma boa noção de se podem/devem "experimentar" certos "ritos" que estão sendo vendidos com bastante ganância, mas pouca responsabilidade, com ares de divinos.

Não somos contra nenhuma prática, porque não podemos ser contra suas escolhas nem as de outrem. Apenas estamos guiando seu conhecimento pelo que é preciso ser alertado, a fim de que possa trabalhar em contato com os Registros Akáshicos. Não cabe a nós decidir o que você faz/fará ou não, escolherá ou não, fora do assunto principal em questão nesta obra. Cabe só a você.

Cabe-nos também alertar sobre a diferença entre Registro Akáshico e uma visualização criativa, pois, nele, não há criação; há recepção. Não há indução de um guia encarnado que ajudará você a caminhar dentro dos seus Registros. Essa "guia" por algum caminho é, novamente, processo hipnótico. Não vamos mais explicar isso.

Nosso processo de acesso é "tão somente" uma chave/oração de abertura e fechamento, o contato com alguma consciência com autorização para isso.

Essa "guia-humana" não é assim tão possível dentro do SEU Registro Akáshico, pois não se entra em terreno do "vizinho" no orbe terrestre; imagine no campo consciencial, onde as Leis não são maleáveis como a própria característica do ser humano.

Ao longo da sua jornada de treinos e aprendizados, após estar MUITO BEM TREINADO(A) PARA SI, você fará contato com as consciências dos Registros Akáshicos de outra pessoa, partindo do SEU Registro. Trata-se de um ACESSO, um contato com sabedorias que lhe outorgam essa permissão, para seu campo consciencial entrar em contato com o campo consciencial da pessoa. Não se trata de uma invasão ou indução hipnótica por/para terceiros.

Deixamos uma dica: a hipnose, como relaxamento progressivo, pode servir para conseguir desligar o campo crítico consciente de quem está tentando fazer contato com os Registros Akáshicos. Ou seja, é como se ela servisse para as pessoas mais céticas e racionais chegarem à antessala dos Registros, alegoricamente. A partir daí, a abertura do caminho é feita pela chave/oração de abertura.

Esperamos ter separado bem a importância de uma técnica e outra, sem desmerecer nada nem ninguém.

Evidenciamos, ainda, que você, leitor(a), NÃO passeará livremente pelas realidades, por segredos, desígnios ou mistérios do(a) seu(sua) consulente. O que é transmitido a você é o que realmente é permitido pela Fonte Criadora e pelos Senhores do Registro Akáshico. Mesmo após uma pergunta, o que é passado é o que é permitido. O que é "visto" por um(a) leitor(a) é devidamente apagado da sua mente, a fim de que o sigilo seja mantido.

Você é o(a) interlocutor(a) do que for transmitido pelas consciências necessárias e designadas para isso, mas não será um(a) explorador(a) do terreno consciencial (até espiritual, por assim dizer) de outrem.

Sua função é repassar exatamente o que foi transmitido, sem colocar nem tirar nada, mas COM CUIDADO, tato e zelo por quem irá receber tal informação. Por outro lado, já é um costume das consciências do Registro Akáshico tratar/filtrar as informações. Você perceberá ao longo de suas práticas.

Parece um pouco repetitivo, mas é necessário. Certas repetições nesta obra estão ressaltando pontos que precisam de fato ser fixados em sua mente inconsciente, a fim de que elas surtam o efeito esperado na sua mente consciente, pois não estamos ensinando apenas o "mundo" dos Registros Akáshicos. Estamos também orientando como, do seu mundo terrestre, você terá que lidar com novas e infinitas realidades/possibilidades.

Que isso fique bem gravado em você e que não se sinta empoderado(a) por este aprendizado. Sinta-se despertado(a) da ilusão da finitude. Já é suficiente. Sem rótulos.

A ideia desta obra é de ensinar/despertar quantos forem necessários por desígnio da Fonte Criadora, por interesse próprio.

Com o tempo, pode ser que alguma consciência, ou conjunto de consciências, fique mais em contato com você e que trabalhe junto em algum projeto para si ou para outras pessoas. Vale reforçar que os Registros Akáshicos sempre estão conectados a você. Depois de muita prática, perceberá que a conexão será cada vez mais rápida. Seus mestres/mentores ensinarão novas formas de conexão mais rápida ou detalhista. Somos apenas o veículo do despertar.

Da mesma forma que os guardiões do Registro podem trabalhar para colocar Luz onde falta na vida dos outros, também, antes de tudo, podem/devem colocar Luz nas suas sombras. Você aprenderá onde, como e por que ao longo dos anos de prática. Como já salientamos, sem pressa, nem pulando etapas. Isso pode dar até conteúdo para outro livro inteiro. Pense. Reflita.

Em diversas práticas de acesso ao Registro de outras pessoas, a partir da "conversa" entre a consciência contatante do Registro e a pessoa consulente, você ficará assustado(a) com algumas possibilidades de atuação que o Registro permite.

O que não ficará sabendo é como as consciências operam. Cada um carrega seu mistério Divino e isso não é/será revelado. Afinal, não é interessante que se pergunte a uma entidade o que significa seu "ponto riscado", signo, selo, sigilo, a sua "bindrune/bandùnar". O fato, antes, será elucidado e descrito/mostrado. Após isso, tanto em seu acesso pessoal quanto em acesso para outras pessoas, será pedida permissão para que as consciências contatadas atuem em seu benefício. Resultado? Tão variável quanto as possibilidades de "tratamento" e de atuação das consciências Akáshicas.

É bem normal, por sua vez, que seus consulentes entrem em contato, até no dia seguinte, por vezes, e relatem melhorias/soluções naquele ponto/assunto/fato tratado.

Alguém pode lhe perguntar: "em quanto tempo verei resultados?". A resposta é simples: depende da sua percepção. Por vezes, o resultado é diferente do que a pessoa projetou, como prova de realidade. Só que, depois, ela perceberá que foi até melhor do que foi "imaginado". É só fazer uma comparação entre o antes e o depois do tratamento autorizado.

Não iremos abordar aqui quais tipos de conteúdo que o escritor já viu tratados, pelas consciências dos Registros, durante seus acessos para si ou para outras pessoas, a fim de não influenciar você, leitor(a).

Um caso bem comum será descobrir que determinados "contatos terrenos" ainda ensejam tamanha influência sobre a vida terrena de vocês... Por certo, isso será esclarecido ao longo dos seus contatos e, devidamente, tratado. É como se a consciência Akáshica "dissesse": "sabe aquela pessoa X (?)... Então, ela causa Y, Z... Peço permissão para...". Ou, com menos detalhes, "é preciso que X seja desconectada de você". Isso é um divórcio energético, sim.

É importante ter em vista que, como tudo é vibração, e os Registros trabalham em todas as vibrações necessárias, positivando-as ou reforçando o que já está positivo, mas que ainda não está reluzindo suficientemente, tudo pode ser "tratado".

Também é possível você entender melhor: há locais, objetos, materiais e tudo mais sobre os quais é possível "ler" seu lado invisível da criação. Basta você fazer a abertura dos seus Registros Akáshicos e perguntar à consciência que se apresenta: "o que posso saber mais sobre X...?".

Pode, ainda, perguntar se há alguma consciência local que queira se expressar e ensinar algo, lembrando que, como o acesso é por meio do Registro, apenas seres em conformidade com a Luz se apresentarão.

Acessar essas informações, por meio do Registro, não é como acessar locais "assombrados" com a ajuda de "aparelhos com luzes coloridas". Nesses casos, há o contato direto/indireto com vibrações que podem ser muito negativas e prejudiciais a quem as contata. Por esse motivo, há relatos de doenças, acidentes e até mortes de membros de algumas equipes. Há também casos em que a espetacularização tomou frente ao auxílio e, ao longo da jornada do(a) "médium" ou da equipe, é notável a diferença de percepção, a qual foi diminuída ou até zerada. Sem o devido preparo, não adianta colocar todos os ingredientes do bolo separados no forno, assim como o ingrediente vaidade pode ser o que desanda (já desandou) a massa.

Se sua intenção é ajudar, acesse os Registros do local e pergunte à consciência de Luz do Registro se há algo que se pode fazer por aquele espaço, pelas consciências que ainda se encontram em vibrações menos avançadas (até presas ao lugar), pelas pessoas e por outros fatores em particular. Quem coordenará seu contato saberá o que ensinar/orientar/fazer, tudo com permissão dos Senhores dos Registros Akáshicos e da Fonte Criadora, sempre.

Como ilustração, em uma sessão de atendimento a outrem, o escritor já observou um ser desencarnado no ambiente apresentado a ele, na sua tela mental, o qual atrapalhava a senhora que morava na casa (consulente). Com total autorização dela, o ser foi "desligado" e, em seguida, retirado pela consciência com quem estava em contato.

Percebe como o acesso aos Registros Akáshicos não é um trabalho oracular? Percebe como o acesso aos Registros Akáshicos não é um momento para apenas se ler quem você foi? Para relembrar seu passado?

Os "diários" servem muito bem a essa tarefa. Assim como para perguntas com resposta SIM/NÃO e QUANDO, utilize o pêndulo e os gráficos de radiestesia. Não são tarefas "menores". Só são tarefas não muito adequadas durante seus acessos e leituras.

Enfim, o que não faltam são possibilidades. Haverá também casos em que uma egrégora se apresentará para você na sua consulta pessoal ou referente a seu(sua) consulente, explicando o que os(as) conecta, esclarecendo o tipo de trabalho que poderão realizar juntos(as), etc. Nesses casos, como já mencionado, poderá haver uma identificação de algum "nome", por assim dizer, a fim de que você ou o(a) consulente acesse diretamente essa consciência ou egrégora sempre que necessário.

Também recordamos que, após sua jornada estar mais segura, outras portas dentro do seu Registro Akáshico levarão você a diferentes egrégoras, dimensões, passagens e paragens, a fim de que seu aprendizado não se limite a uma vertente, a um tipo de assunto. Mas, primeiramente, sempre seu caminho será por um contato inicial, o qual indicará a necessidade de que siga para outro "ambiente", portal, para outra dimensão, sempre acompanhado(a), não por um ser encarnado, como já citado, mas por uma consciência incumbida dessa missão junto a você. Sim, os aprendizados serão um sem-fim, tanto quanto as possibilidades. Tudo depende de você.

Capítulo 15
O Trabalho das Leituras

Primordialmente, quando começar a difundir seu trabalho consciente, no sentido de ter um caminho/desejo consciente para tal ação, com Registros Akáshicos, evite citar "feitos", falar sobre você e sua suposta capacidade. Lembre-se de que não há espaço para rótulos e/ou títulos. Lembre-se sempre da "fogueira das vaidades", da purificação.

Em vez disso, fale sobre a oportunidade de a pessoa ter contato com a origem dela, com o Eu Superior, com tudo o que foi, com tudo o que é e com todas as possibilidades do que pode ser.

Só lembrando, Akasha foi motivado no vocábulo sânscrito "Akãsha", o qual se refere à origem primordial, de onde descendem os demais elementos, como: terra, ar, água, fogo e éter.

Ainda, não é adequado oferecer a leitura... Porém, é mais inadequado "vender" os **resultados**, pois eles **não são seus**.

Seu é o tempo que você gastou para chegar ao estágio de atender alguém e que você empenhará com/para alguém.

Seu é o conhecimento que teve de adquirir para ter permissão de acesso consciente, já que, inconscientemente, todos têm acesso constante aos Registros Akáshicos, os quais sempre estão conectados a todos.

Seu é o silêncio necessário sobre os conteúdos das consultas, logo, é inadequado comentar os resultados, pois também seria preciso abordar a origem/o problema e a solução, a não ser que houvesse algum aprendizado no fato, a exemplo do caso que já ocorreu: o encaminhamento de um ser desencarnado, mas já merecedor de um novo destino.

Como dizia uma breve citação da Bíblia Sagrada (Mt 22:21): "Dai, pois, a César o que é de César e a Deus o que é de Deus". O tempo passa e parece que as coisas não mudam. Isso se explica.

Só há um detalhe: a velocidade de transmissão é alta; é provável que sua fala seja rápida, o que impedirá que a pessoa consulente consiga anotar tudo o que foi falado.

Para não travar a "descida" das informações, o escritor desta obra avisa à pessoa que está prestes a vivenciar a leitura que não é possível se preocupar em anotar, pois não dará tempo. Informa que tudo será gravado e o áudio será enviado o mais breve possível.

Avisa também que isso poderia causar um desvio de atenção e que a vivência do contato perderia um pouco da vibração, da experiência necessária e da concentração exigida.

Também é importante salientar que aparelhos, distrações e intromissões também devem ser evitados por parte da pessoa consulente. Como já foi dito, durante a leitura há tempo para ouvir e perguntar, mas não há tempo para se distrair. A consciência contatada será a responsável por guiar essa troca de interlocução no momento certo. Tenha certeza disso.

Você, como canal, é "só um telefone". A mensagem é passada por seu intermédio e o foco é a mensagem, não o mensageiro ou a qualidade do "aparelho".

Lembre-se de que, por vezes, a consciência passará um pequeno tempo esclarendo o conteúdo para você, a fim de que explique algo que conhece ou sobre o processo de leitura, desde que seja BREVE e OBJETIVO. As consciências do Akasha não são adeptas à prolixidade.

Foi este o alerta que o escritor recebeu em um acesso para si mesmo: "se você quer comentar algo mais, o faça após a leitura, quando o Registro Akáshico estiver devidamente fechado, o quanto de tempo quiser".

Também é lícito revelar que, em algumas leituras, o(a) leitor(a) será informado(a) a dar certas informações, pesquisas, conhecimentos e materiais para a pessoa consulente, a fim de que ela também aprenda algo. Isso sempre ocorrerá fora do horário da consulta, assim como o envio do arquivo de áudio (totalmente necessário).

Como já explicamos, nas suas leituras para os outros, é preciso informar que, após o recebimento do arquivo de áudio, a pessoa deve escolher um caderno de anotação para fazer o registro de pontos relevantes para ela. Isso não deve ser compartilhado com ninguém, pois o outro pode julgar que nada é relevante. Apenas deixamos uma pergunta: a vida lida é de quem? Ou... a outra pessoa que teve acesso aos conteúdos de um caderno como esse tem algo a esconder e, numa leitura dessa, isso seria descoberto? Esse ataque seria uma fuga?

Ainda sobre as anotações, vale lembrar que, caso algumas novas informações cheguem, a pessoa consulente deve anotar tudo ao lado ou com marcação de que aquilo não teve origem na leitura realizada.

Ademais, caso surja alguma dúvida sobre o que foi falado no áudio, a pessoa consulente pode enviar a pergunta a você, leitor(a), para que forneça a necessária explicação assim que possível. Não é aconselhável responder sobre algo que não foi tratado, pois seria uma informação sua, não de alguma consciência do Registro Akáshico. Como você vai saber se tudo é apagado? Sua intuição, ligada ao seu Registro Akáshico, saberá como avisar.

Cuidado com certas pessoas que podem querer se aproveitar dessa oportunidade para continuar a consulta após esta ser encerrada. Como já BEM explicamos, é preciso ter um começo, um meio e um fim. Fim é fim.

Também haverá quem pense que você sempre tem uma resposta para "dar" em outras ocasiões fora do Registro. Até pode ter, mas, quando não vier, não se culpe... apenas diga que "nada chegou": ou é porque o fato perguntado é uma prova para a própria pessoa e ela deve descobrir/viver o caminho novo, ou é porque o plano espiritual somente não quer responder para um(a) leitor(a) não ser visto como um oráculo sempre disponível, uma "muleta".

Sobre termos citados, "a pessoa pode ter contato com tudo o que foi, com tudo o que é e com todas as possibilidades do que pode ser".

Você deve ter ficado com uma dúvida: tudo isso em 1 hora? Claro que não é assim... Já salientamos que quem decide o que será passado nesses três campos de tempo terrestre é por ordem/autorização dos Senhores dos Registros Akáshicos e, antes, pela Fonte Original. O **agora** é o centro das atenções, e serão passadas informações a respeito do que está mais afetando o agora da pessoa consulente, assim como ações e pedidos de permissão serão em função do agora, a fim de a pessoa consulente obter resultados vindouros, rapidamente ou não, dependendo de sua necessidade, de sua percepção e de seu merecimento.

Sobre sua consulta durante sua jornada pessoal, já esclarecemos que é normal a duração em torno de 30 minutos. Como a indicação é que você faça acesso ao seu Registro Akáshico todos os dias, isso é mais do que suficiente.Sim, haverá dias em que não terá o que elucidar. Nesses dias, há duas escolhas: ou você abre os RAs e pergunta o que de novidade você pode aprender, ou você não abre e descansa.

Sim, as consciências do Registro Akáshico também identificam em você estado físico não adequado para prolongar seu tempo de vigília. Assim, você ouvirá como uma "voz" dizendo que "deve/vá descansar", ou algo parecido.Em certas religiões terrestres, não se trabalha no mundo não tangencial/espiritual/consciencial se a pessoa está fisicamente abalada, doente, o que nada tem a ver com mulher em período de menstruação, como "dizem" certos ritos. Se você estiver mentalmente/emocionalmente abalado(a), abra seu Registro antes da consulta e peça que a consciência que se apresentar equilibre esse fator. Ela certamente irá usar a Luz da Divina Fonte para isso.

Outra diferença que você irá perceber, ao longo da sua jornada, é que não importa se seu corpo está com braços, com pernas ou com pés cruzados. A informação chegará. Como? Por quê? Por meio de outro canal que é sua mente, não por intermédio de acoplamento espiritual/áurico na região próxima das suas escápulas, como em incorporações. Obviamente, sabe-se que o cruzamento de membros pode impedir certos recebimentos vibratórios. Como o que se recebe dos Registros não é apenas informação, aconselhamos que os participantes (leitor(a)/consulente) fiquem com membros descruzados, sempre que possível, sem dogmas (ponto fundamental de uma doutrina religiosa, apresentado como certo e indiscutível).

Outra diferença é que, a partir do Registro aberto, seu contato está feito e o canal está aberto. Você é o(a) contatante do canal. Mesmo que haja alguma intromissão, não por SUA ação, não há perda de contato/acesso. Quando você acessar seu Registro para criar uma música, um livro, um enredo ou outro produto, perceberá que a consciência estará lá... no seu campo Akáshico, mesmo que seu corpo físico peça para você dar uma pequena pausa, a fim de alguma necessidade fisiológica, como beber água ou outra. O que não aconselhamos é que você apenas saia, vá passear e deixe seu Registro conscientemente aberto.

Como já explicamos, é preciso haver um começo, um meio e um FIM.Por outra via, não se preocupe... Caso a consciência perceba que você adormeceu, por exemplo, ela simplesmente fechará o canal consciente.

Outro ponto importante é que, no início da sua consulta para alguém, é interessante ficar de **olhos fechados**, a fim de não ser influenciado(a) pelo semblante da pessoa (até desconfiada). Como já citamos, olhos físicos fechados abrem os OLHOS DA ALMA. É por meio deles que você deve "ver". Dependendo de quem é o(a) consulente, mesmo que você não conheça (o que será fato na maioria das suas consultas), sentirá que já pode abrir os olhos. Isso não influenciará em nada no contato, mesmo nas imagens que chegarão à sua tela mental: todo o processo ocorrerá como deve acontecer. Caso não se sinta à vontade para isso, continue de olhos fechados.

Importante também é avisar, antes de abrir o Registro Akáshico, à pessoa consulente, que **não se trata de uma incorporação, pois não é um acoplamento áurico**. Informe que você só permanecerá de olhos fechados para concentração. Só.

Ademais, em uma consulta na qual a "tagarelice" dos participantes está por demais e em que a mensagem da consciência estiver em segundo plano, é normal que ela apenas se retire. Sim, a cena é como se ela virasse "as costas" e seguisse para "o meio, do meio, do meio do nada", emprestando um pequeno trecho de conteúdo de hipnose.

Sobre ambiente, já escrevemos que não são necessários uma tenda, tecidos esvoaçantes, colares, adereços, véus, maquiagem, roupas de mago ou bruxa, nem um corvo no seu ombro para realizar o acesso. Não é necessário acender vela ou fazer fogueira. Não é necessário ter toneladas de cristais e pedras diversas. Não é necessário que a pessoa consulente tenha dificuldade de enxergar você, tamanha a densidade da fumaça dos seus diversos incensos/defumadores.

Só é preciso um canal (você em condições adequadas), um/uma consulente, uma boa intenção e uma oração/chave de abertura e de fechamento. Simplicidade e objetividade.

O restante é com você. Sabemos que os seres humanos são muito imagéticos. Nós somos conscienciais. Não ser necessário não é proibir.

Às vezes, é importante equilibrar as diversas vibrações do ambiente. Contudo, não é uma responsabilidade ou exigência nossa; é, na verdade, uma necessidade SUA. Da mesma forma, é SUA a responsabilidade de escolher entre as técnicas X ou Y para atingir esse objetivo, incluindo a simples técnica de luz branca, azul-índigo ou o fogo de chama violeta, como foi ensinado anteriormente nesta obra. Não confunda o que é místico, comunicação ser encarnado X "divindade", com o que é mítico, fictício.

Você, à sua escolha e necessidade, pode usar alguns elementos para equilibrar a si e/ou seu ambiente, também pode haver alguma música de fundo em volume baixo para instigar outras áreas de sua percepção. Novamente, aqui temos um ponto de importante elucidação.

Tal como temos variadas frequências acionadas e relacionadas com cores (de velas, por exemplo) e aromas (a humanidade sempre usou a fumaça com diversos fins, inclusive vibracionais), também o SOM é um fator a ser estudado, caso você deseje usar como fundo em suas consultas.

Podemos dar algumas dicas importantes...

Músicas com letras, mesmo em língua totalmente desconhecida por você, podem levar a distrações, pois sua mente irá sempre tentar traduzir o conteúdo. Escolha músicas instrumentais e totalmente desconhecidas. Caso uma música seja conhecida de seu(sua) consulente, e remeta a um fato negativo de sua vida, com certeza atrapalhará a vibração do momento.

Mesmo músicas instrumentais que possuem diferentes andamentos podem levar a um susto e atrapalhar os menos treinados. Escolha músicas com um ritmo mais lento e equilibrado. Pesquise: músicas com velocidade de 60 BPM (batidas por minuto) diminuem a frequência cardíaca ao nível das ondas alfa do cérebro. Você irá facilmente encontrar. Só procure fazer um teste, ouvindo a música antes... Se lhe causar qualquer estranhamento, pare imediatamente e/ou não utilize. Muitos "compositores" colocam mensagens subliminares/negativas junto ao que, supostamente, seria uma música com *Alpha Waves 60 BPM*.[4] Melhor é você conhecer e confiar na fonte. Se achar que corre risco, novamente, use o silêncio.

Também deixamos outra importante dica: músicas com pássaros, sons de água ou outros sons repetitivos podem soar como um pesadelo para determinadas pessoas, pois elas podem despertar certos traumas anteriores. Sim, sabemos que eles podem ser tratados dentro dos Registros Akáshicos, mas é melhor uma música que não tenha um som áspero/repetitivo ou um refrão muito saliente. Sons agudos demais, ou muito graves, também não são indicados, pois certas pessoas possuem o ouvido físico muito sensível. Ao menor sinal de desconforto da pessoa consulente ou seu, vá abaixando o volume até ficar em silêncio, a fim de não cortar abruptamente o fundo musical. Se ficar na dúvida do que colocar para ouvir, não use nada. Silêncio é prece.A dinâmica de um atendimento de Registros Akáshicos é tão elaborada (pelas consciências contatadas) e grande, que mal dará tempo para você pensar em música.

A essa elaboração damos o nome coloquial de "costura". Será uma "conversa" que começa de uma forma não esperada, já que a pessoa consulente não adiantará nenhum tópico, nenhuma área. Contudo, ao longo das mensagens, isso irá ser "alinhavado" com outros pontos, num emaranhado de sentido, num tecido inspiracional para gerar entendimento e claridade ao que for/foi obscuro na vida da pessoa. Ao fim da mensagem/consulta, tanto o(a) leitor(a) quanto a pessoa consulente perceberão que tudo está justo, costurado e fechado, como uma peça de roupa pronta para ser usada, como uma nova roupagem de si. Sim, é uma alegoria simples.

É muito comum que, em determinado momento, surja algo que pareça sem sentido para a pessoa consulente, mas essa percepção muda em seguida. Por isso, preste muita atenção no que está na mensagem da consciência do Akasha; por vezes, a pessoa consulente pode "dizer" que algo que foi tratado/está sendo tratado na consulta não tem relação com ela, mas esse algo possui palavras a mais, o que mudar toda uma informação.

---

4. Músicas Alpha Waves (Ondas Alfa) de 60 BPM (batidas por minuto) são projetadas para ajudar a induzir um estado de relaxamento mental.

Quando isso acontecer, educadamente, apenas diga que o que foi falado não foi "X + 1", mas apenas "X". Pessoas muito céticas, desconfiadas ou bastante distraídas tendem a ouvir o que não foi falado. Peça para a pessoa ouvir a gravação e ter a noção de que aquilo que foi falado não tem relação com essa "leitura" que ela está fazendo. Nesse caso, é muito comum que a consciência do Askasha reforce, na sua mente, a mensagem e dê clara noção do que foi colocado a mais.

Sobre a consulta ser ao vivo, presencialmente ou on-line, a escolha é sua, pois não há diferença alguma no contato e no resultado do contato. Alguns(as) "leitores(as)" acham que podem "pegar algo ruim" da pessoa consulente, caso façam a consulta ao vivo. Só que esses "ledores", por assim dizer, estão enganados por falta de conhecimentos/ estudos, porque, ao trabalhar em contato com os Registros Akáshicos, é a LUZ que é "fornecida" para todos os interlocutores. Como há espaço para sombra onde há luz? Pronto. Está explicado.

Logo, não é preciso pedir para a pessoa tomar certos banhos, nem fazer certos preceitos, a não ser o pedido para evitar algo que altere a percepção consciencial, como é o caso de bebidas alcoólicas e alimentos muito pesados. Isso já foi escrito aqui e é difundido em várias práticas no orbe terrestre. Também não há padrão nas cores de roupa (branca, por exemplo) para que uma consulta aconteça. Como já explicamos, o contato é no seu mental, de uma consciência com a sua consciência expandida para além dos seus limites físicos, como chamam no orbe terrestre, telepático. Lembre-se da figura presente no capítulo 9, sobre faixas de frequência cerebral e estado emocional. Perceba que a consciência deve estar em estado emocional adequado, como já explicamos e reexplicamos.

A respeito de QUANTO cobrar pelo SEU TEMPO, você que decide. Não temos relação alguma com isso. Já vimos, em uma obra escrita, que houve indicação sobre perguntar à consciência Akáshica o valor de quanto se pode cobrar. Sinceramente, acho pouco provável o êxito, pois valor monetário não faz parte da nossa realidade, mas tente. Sua atitude é o que importa. E quanto à gravação em vídeo? Por falta de seriedade dos seres humanos e pelos usos inadequados da imagem de outras pessoas, a fim de difamar o próprio acesso aos Registros Akáshicos ou a pessoa quem faz, não aconselhamos gravação por imagem.

Sobre críticas, já vimos, também, alguns seres gastando o seu precioso tempo de evolução para atacar essa ferramenta de evolução. Precisamos comentar qual é a intenção dessa(s) pessoa(s)? Por fim, o nível de linguagem do criticador já indica a que nível de consciência/vibração/dimensão ele pertence.

No parágrafo anterior, há 45 palavras que já são mais do que suficientes para explicar: 4 + 5 = 9. Seja Eremita nesses casos. Esse arcano não é por acaso.

Quanto a cursos e leituras, tudo é de sua responsabilidade e escolha, logo, não nos posicionaremos demoradamente a esse respeito. Com o tempo, você entenderá que a prática trará mais conhecimento do que qualquer curso, assim como muito desta obra é por meio de mensagem "ditada", e partes dela são uma união entre teoria, pesquisa e prática do escritor.

Nem tudo ele sabia, ele não tinha nem tem ainda, neste ponto da escrita, a mínima noção da estrutura total da obra, dos capítulos, do fim da obra, de NADA. Só sabia que deveria escrever sobre Registros Akáshicos, desde o fim de 2022. O detalhe é que só após elevar seu estado vibratório, por mudar certos hábitos, é que isso foi possível. Não foi projetado, apenas aconteceu. Como sempre alertamos aqui, o estado vibratório influencia você ou seu ambiente mais do que qualquer elemento físico.

Isso foi mérito? Não. Isso foi um desafio aceito. Simples assim.

Para ajudar você, leitor(a) desta obra, há uma frase que muito se encaixa com o presente momento da leitura: "sem saber que era capaz, foi lá e fez". É assim que tem de ser: vá lá e faça! Vá lá e viva a SUA experiência. Tenha responsabilidade, zelo, tato, sabedoria, paciência, cuidado, RESPEITO e, sobretudo, dignidade. Avance, mas não atropele; não se atropele. Não se envaideça.

Voltando ao trabalho com consultas: sobre sessões grátis, também fica a seu critério. Quantas realizar antes de cobrar? Sua consciência será sua guia. Você tem pressa de "ganhar"? Cuidado para não "perder". Isso, por si só, já é um aviso e uma explicação clara.

O erário terrestre não é um pecado, como muitos dogmas "dizem", mas deveria ser uma recompensa, melhor ainda, uma troca, não um objetivo.

Lembre-se sempre de que o mais importante aqui é a mensagem, não o mensageiro, jamais o rito; o valor dela, não o valor cobrado por ela; o efeito dela na pessoa ajudada, não o efeito dela no mundo tangível.

Outro fato importante: dentro de um Registro de uma pessoa, não é permitido abrir o Registro de outra. Como já explicamos, não é possível haver invasão. Apenas é permitido haver contato com a devida e necessária permissão. Haverá casos em que o contato com um Registro pode se valer de algumas informações sobre outra pessoa, desde que essas informações digam respeito/influenciem a pessoa que está recebendo atendimento. Só é lido o que, da outra pessoa, está atrapalhando dentro do seu Registro ou dentro do Registro de quem você está lendo. Não é um "oráculo" para se descobrir segredos de outros seres viventes, encarnados ou não. Como dissemos, se há um "livro" aberto, não há como abrir outro. Muito menos é um modo de mudar o livre-arbítrio de ninguém.

Sobre o FUTURO, é possível saber o resultado, mas é bom lembrar que um exato caminho não será exposto. Se há resultado, o caminho já está criado, mas ainda é uma possibilidade que irá variar conforme as escolhas da própria pessoa. Por isso, em leituras de oráculos, o "futuro" que é lido tem base no "presente", podendo variar ao longo da caminhada. Logo, a resposta não será fixa, pois não são fixos os fatores que levarão até esse "destino". Por esse motivo, não são indicadas as perguntas com QUANDO, pois as escolhas podem adiantar/atrasar qualquer resultado, esperado ou não. Com isso, as indagações mais indicadas são: "O que preciso fazer para..."; "O que me permitirá alcançar..."; "Quais lições posso ganhar se..."; "Qual a relevância de eu conseguir... para meu momento atual...", etc.

Por último, como é uma consulta solicitada por pessoa conhecida? Como já foi dito, é importante entender que nenhum fato deve ser trazido antes da consulta. O outro cenário é quando você, já em contato com a pessoa por motivos pessoais, sabe muitos fatos. Fique tranquilo(a). Como o escritor já passou por isso, ele mesmo pode relatar...

"Sim, eu ficava com esse medo e não tive problema algum ao abrir os Registros Akáshicos de uma amiga. Já abri por duas vezes e as informações foram muito além do que eu e até do que ela mesma sabia por trás dos fatos. Junto aos novos cenários em que os fatos se inserem/inseriam, muitos detalhes foram passados e orientações, assim como pedidos de tratamento surgiram. Eu apenas CONFIEI nas consciências do Akasha, já que não se tratava de um conteúdo da minha mente. Deu certo."

Voltando, percebem como vocês estarão dentro de um sistema com regras? Mesmo que você não saiba quais sejam todas as regras, elas existem. Lembre-se do foco da lanterna, com alcance limitado de uma realidade mais ampla. Como a velocidade de transmissão de uma mensagem é alta, não há tempo hábil para sua mente, por mais rápida que estude, forme/crie textos próprios.

Apenas se coloque disponível como receptor(a).

Siga e deixe acontecer o que é preciso.

Capítulo 16
A Sequência de Trabalho para Si Mesmo(a)

Só para deixar bem claro:

Esteja em estado vibracional equilibrado. Consulte a tabela das faixas de frequência cerebral para saber, de acordo com seu emocional, em que faixa você está. Caso não esteja nas frequências ou estados emocionais mais positivos, use alguma ferramenta, como som, fragrância ou iluminação para atingir esse estado mais adequado, pois isso irá influenciar a qualidade da recepção das informações.

Esteja em ambiente adequado, calmo, com a menor possibilidade de interferências externas.

Coloque-se em uma posição confortável, mas, de preferência, não se deite. Seu cansaço físico pode fazer você dormir. Lembre-se: dormir sentado(a) é sinal de muito cansaço ou ajuste da sua vibração.

Faça a oração/chave de abertura com o ritmo necessário, não tenha pressa. Porém, leia-a em ritmo adequado e sinta o sentido das palavras. Nunca as leia "da boca para fora".

Acione a gravação para registrar seu áudio ou deixe papel e caneta/lápis para registro físico. Se preferir, ainda, deixe os dois meios disponíveis – para quem desenha, pode ser uma boa prática representar as imagens que você verá com os olhos da mente.

Concentre-se na sua tela mental e coloque-se em situação de receptividade, não de criação (lembre-se de que a mente MENTE).

Pergunte o que você precisa aprender neste instante ou qual a mensagem necessária para seu momento atual. A partir daí, o trabalho é entre você e a consciência Akáshica que se apresentou. Se ainda não se apresentou, viva a experiência que lhe for propiciada neste seu atual estágio. Lembre-se: um passo de cada vez, a fim de não tropeçar na escada da evolução.

Findado o tempo, faça a oração/chave de fechamento. Caso você sinta vontade de agradecer para mais alguma consciência que se apresentou/ajudou, fique à vontade. O contato é seu.

Após alguns dias, ouça/leia o que foi anotado/registrado, e entenda melhor os pontos importantes e aqueles que nem sequer você lembrará que foram tratados. Tenha um caderno só para isso, o qual não deve ser compartilhado com ninguém. Ninguém. Assim como seus Registros são únicos e não podem ser invadidos (apenas contatados com a devida permissão), sua vida pessoal também deveria ser pessoal. Deveria.

Durante a revisitação de conteúdo, faça anotações de tudo que possa surgir: novas informações, dúvidas, outros pontos a serem tratados/levados às consciências dos Registros Akáshicos, etc. Anote... enfim, anote... Não é ao acaso que anotações são importantes desde que as paredes em pedras eram a única "folha" disponível.

Capítulo 17
A Sequência de Trabalho para Outra Pessoa

Depois do seu treino para si mesmo ou para si mesma, agora é o momento de começar a ler os Registros Akáshicos para outras pessoas. Perceba como há importância no seu treino pessoal, a fim de se adquirir segurança, pois haverá consultas com clientes bem difíceis e que até serão resistentes às informações passadas. Haverá também consulentes que testarão a técnica ou a sua pessoa como canal de comunicação.

A sugestão é: siga adiante e repasse a informação como foi recebida, pois as consciências sabem, muito mais do que o receptor/a receptora, por qual motivo o conteúdo está sendo exposto naquele exato momento de vida da pessoa e qual a melhor forma de expor.

Agora, vamos às dicas práticas...

Antes do dia da consulta, faça um texto explicativo ou áudio, contendo os seguintes pontos:

A pessoa consulente não deve dar nenhuma informação antecipada.

Não há preceitos para que a consulta aconteça, apenas NÃO fazer uso de bebida alcoólica, bem como NÃO consumir comida muito densa (lembre-se de que você/a pessoa ingere vibrações, "tudo é energia e isso é tudo o que há").

A pessoa deverá anotar perguntas antecipadamente, para serem feitas só após a autorização da consciência que se apresentar. O número/limite de questões é determinado por você.

Perguntas com respostas SIM/NÃO e perguntas com QUANDO devem ser evitadas. Estas devem ser substituídas por questões do tipo: "como", "por que", "de que maneira", "o que posso aprender", "o que preciso aprender...".

A pessoa deve aguardar o momento de fala, a fim de que não fique uma informação cortada durante o momento de "fala" da consciência contatada.

A leitura será gravada e o conteúdo DA PESSOA será enviado tão logo possível. Atenção: não grave sua chave/oração de abertura nem de encerramento.

Por direito de imagem e de voz, avise que você não permite que seja gravado vídeo da leitura, assim como o conteúdo do áudio enviado para o estudo posterior não deve ser compartilhado.

Por fim, após o estudo/anotação do que foi lido na sessão, a pessoa poderá perguntar o que for necessário sobre o que foi dito, mas não sobre novos conteúdos. Conteúdos novos precisam ser tratados em nova consulta, obviamente.

Observações importantes e explicações relevantes:

Esteja em estado vibracional equilibrado. Consulte a tabela das faixas de frequência cerebral, no capítulo 9, para saber em que faixa você está, de acordo com seu estado emocional. Caso não esteja nas frequências/nos estados emocionais mais positivos, use alguma técnica, som, fragrância ou iluminação (natural ou artificial) para atingir o estado mais adequado, pois isso irá influenciar na qualidade da recepção das informações. Obviamente, é importante e desejável que a pessoa consulente esteja também em bom equilíbrio. Para isso, pesquise algumas técnicas simples de respiração e/ou use a técnica do EXERCÍCIO COM LUZES, no capítulo 4, com a pessoa também, antes da abertura do Registro em si. Você aprenderá a sentir ou sentirá que isso é necessário todas as vezes em que for atender alguém desconhecido. Você quem decide. Dica: com sua rapidez mental, você também pode pedir para a pessoa apenas respirar, segurando um pouco o ar e soltando vagarosamente. Enquanto isso, faça você mesmo(a) essa técnica, na velocidade da luz e do fogo, envolvendo essa pessoa na luz branca e no fogo Divino Consumidor e Purificador. Você quem decide. Isso, novamente, não é para SUA proteção, e sim para equilíbrio.

Esteja em ambiente adequado, calmo, livre de interferências externas (evite outros aparelhos por perto).

Coloque-se em uma posição confortável, e não utilize gesto ritualístico, nem expressão facial que não seja de normalidade e equilíbrio, pois sua segurança/postura será o esteio da segurança do(a) consulente. Além disso, cuidado com seu estilo de voz. Seja natural e evite empostação de locutor(a) de rádio/TV/rodeio, pois a atenção pode se desviar para o código.

Explique brevemente como será a consulta, reforçando a maneira como você atende. Ressalte as regras já expostas nos tópicos anteriores. Esclareça como ocorre a abertura e a mensagem inicial, bem como o número de perguntas determinadas por você, não por nós, etc. Exponha outros detalhes que achar pertinentes, pois o trabalho de contato com o/a consulente é sua parte. Lembramos que essa explicação e a leitura da oração/chave inicial deve durar no máximo cinco minutos. Melhor ainda, se essa explicação for antes da consulta.

Faça a oração/chave de abertura com o ritmo necessário, sem pressa, mas na velocidade adequada e, principalmente, com intenção nas palavras... Não as leia "da boca para fora", rapidamente, só porque há um tempo para a consulta terminar.

Acione a gravação para registrar seu áudio. Para quem desenha, pode ser uma boa prática representar as imagens que você verá com os olhos da mente, depois da consulta, e isso pode ser um diferencial a ser enviado para a pessoa consulente.

Concentre-se na sua tela mental e coloque-se em situação de receptividade, não de criação (lembre-se de que a mente MENTE).

Após a "chegada/apresentação" da consciência do Akasha, descreva minimamente a imagem que vê e, de modo sucinto, pergunte, se for necessário (sua prática ensinará se isso é pertinente): "o que a pessoa precisa aprender neste momento"; ou "qual a mensagem necessária para seu momento atual?". Com a prática, você perceberá que a mensagem será iniciada assim que você avisar que uma consciência está se apresentando. Descrever um pouco da imagem é apenas uma escolha sua. A partir daí, o trabalho é entre você, a consciência Akáshica que se apresentou e sua/seu consulente. Se nada se apresentar, nenhuma imagem aparecer ou mensagem chegar, isso é sinal de que sua fase de treino pessoal ainda não terminou. Por isso, indicamos que abra consultas para pessoas conhecidas no início. Depois faça consultas com pessoas desconhecidas, ainda sem cobrança; somente comece a cobrar quando tiver a firmeza de seu contato. Não engane ninguém; antes, não se engane. Lembre-se: um passo de cada vez, a fim de não tropeçar na escada da evolução.

Após terminado o tempo, faça a oração/chave de fechamento.

Após tudo terminado, com uma conversa simples, traga a pessoa para a realidade do aqui e agora. Caso você sinta vontade de agradecer para mais alguma consciência que se apresentou/ajudou, fique à vontade, ainda na chave/oração de fechamento. O contato é seu.

Já afastado(a) da consulta, resuma para a pessoa o que já fora enviado nas regras iniciais:

após alguns dias, ouça/leia o que foi anotado/registrado, e entenda melhor os pontos importantes e os pontos que nem sequer você irá lembrar que foram tratados. Entenda-os;

tenha um caderno só para isso. Este não deve ser compartilhado com ninguém. Assim como seus Registros são únicos e não podem ser invadidos (apenas contatados com a devida permissão), sua vida pessoal também não deveria ser;

durante a revisitação ao conteúdo, caso surja algo mais, anote, assim como se surgirem dúvidas e/ou novos pontos a serem tratados/levados às consciências dos Registros Akáshicos em nova consulta. Caso a dúvida seja sobre o conteúdo já apresentado na consulta realizada, peça para enviar a você.

Você não precisará abrir o Registro da pessoa... Pode ficar em paz que a consciência contatada sabe o caminho da sua consciência para lhe passar uma resposta, inclusive ela mesma fará você se lembrar de alguns fatos relevantes para responder a tal pergunta. Apenas confie.

Capítulo 18
As Chaves para Outrem

Você deve estar se perguntando: por que demoraram tantas páginas para informar as chaves de abertura dos Registros Akáshicos de outra pessoa?

A resposta é simples: porque a chave/oração não é uma "fórmula mágica". A Magia está no MOVIMENTO, na EVOLUÇÃO, na AÇÃO e na sua preparação que guiamos até aqui. Como avisamos muitas páginas atrás, tudo é um processo.

Então, caso você tenha lido tudo até aqui, receba as chaves/orações que são uma pequena variação daquelas que você usou para seu treino e evolução pessoal.

Por outro lado, se pulou partes do livro para tentar acessar logo os Registros Akáshicos de outra pessoa, você saltou degraus na escada evolutiva.O resultado pode ser mais cansaço, tropeços e até não chegar ao cume esperado. O caminho por trilhas mais "curtas" pode fazer você se perder na imensidão do desconhecido.

Não se engane nem tente ludibriar aqueles dos quais não é possível esconder-se. O processo é o que você vai ver a seguir.

Limpeza do Local

A limpeza é opcional. Você pode fazer da maneira mais rápida, como ensinamos no capítulo 10.

Agora, imagine um raio de luz branca descendo do céu... Ele desce com velocidade da luz, entrando pelo topo da cabeça, como um tubo de luz que vai descendo até o chão onde você está e vai passando por todos os seus chacras. Sinta a organização e a limpeza de todos eles.

Então, imagine que esse tubo se expande e você fica dentro dele, formando uma barreira externa no seu local ou nos muros da propriedade onde você está.

Agora, imagine que surgem do solo chamas violeta do Fogo Divino, Consumidor e Purificador, que vão subindo e queimando todo tipo de energia negativa, chegando ao teto de onde você está ou até o alto, dentro dos limites que criou com a parede de luz branca.

Imagine que seus pés espirituais tocam e entram no solo abaixo de você, indo ao centro do planeta Terra. Agora, imagine que suas mãos espirituais sobem e tocam o centro do Universo, fazendo com que você se integre ao meio tangível e ao meio intangível.

Você, agora, está em conexão com a Mãe Terra e com o Mundo Celestial.

Que assim seja e assim é!

Ao passar por ritos ancestrais com um Maestro/Mestre Xamã do Peru, em meados de 2022, o escritor aprendeu a importância da conexão com a Mãe Terra e com o Firmamento, a fim de que você esteja integrado(a) aos meios físico e espiritual. Além disso, quando possível, faça suas preces com a face para o Leste, onde o Sol nasce, onde se inicia a Luz.

Abertura

A seção corresponde a você – é mais apropriado realizar a leitura em voz alta para que a pessoa possa acompanhar os acontecimentos. O silêncio, nesse momento, pode gerar uma sensação de estranheza. Recomenda-se pedir à pessoa que feche os olhos.

A partir de agora, eu saúdo a Divina Essência de "Eu Sou o que Sou" e abro a luz da Consciência Divina sobre nós, para que se ative esse contato, consoante à Lei Maior e à Justiça Divina de respeito, merecimento e necessidade.

Eu saúdo os Guardiões do Akasha, e a eles peço licença para adentrar seus domínios e que sejam iluminados os pontos obscuros na vida de [NOME], a fim de que a luz do Divino Criador do Universo se faça presente, curando e dissipando as suas sombras, e para que as dores sejam aliviadas ou mesmo desintegradas.

Que a Lei Maior, a Justiça Divina e o Amor Divino se façam presentes nesta hora da leitura, trazendo a verdade sobre fatos, não como julgamento, mas como esclarecimento de pontos relevantes para ele(a) agora.

Peço que os Registros Akáshicos, em nome de [NOME], sejam abertos neste exato instante, para a orientação e a elevação do seu ser, pois é preciso caminhar adiante e no sentido da Luz Divina. Logo, só aceitando fatos é que você pode enxergar o presente e as ações necessárias no futuro, cabendo a você realizá-las ou não.

Por fim, declaro abertos os Registros Akáshicos de [NOME], pedindo que minha intromissão mental esteja afastada de todo o processo, colocando-me apenas como um intérprete e simples canal das informações passadas pelos Senhores do Registro Akáshico aos seus porta-vozes.

Que a luz Divina nos permita trabalhar com seus Mistérios Divinos e que se faça presente em toda essa leitura, em nome de "Eu Sou o que Sou".

Que assim seja e assim é. Amém!

Fechamento

Eu agradeço a "Eu Sou o que Sou", à Luz Divina, aos Senhores do Registro Akáshico, aos guardiões do Akasha e dos Registros Akáshicos em nome de [NOME], por terem nos dado licença para trabalhar com seus Mistérios Divinos e acessar seus códigos, suas informações, seus tratamentos, suas explicações e orientações para a melhoria da jornada dele(a), ser em todos os aspectos e sentidos.

Agradeço pela jornada realizada e por todas as informações transmitidas por voz ou por outros meios, a fim de que [NOME] entenda seu momento atual, seu momento passado, antepassado e até seu futuro de possibilidades. Que as névoas da indecisão e da confusão se dissipem e que tudo se mostre em claridade, para seu benefício e de acordo com seu merecimento e necessidade.

Agradeço, ainda, à Lei Maior, à Justiça Divina, além de a todas as consciências que, por meio do Registro Akáshico e com muita sabedoria, colocaram as palavras certas nas horas certas, trazendo luz, paz, bênção, compreensão e acalento para a vida dele(a) e para seu exato momento atual.

Agradeço, por fim, aos Senhores do Registro Akáshico por terem enviado seus porta-vozes, que muito esclareceram fatos relevantes em diferentes níveis e dimensões.

Os Registros Akáshicos em nome de [NOME] estão fechados neste momento, em nome de "Eu Sou o que Sou".

Que assim seja e assim é.

Amém!

Pronto! Utilizem estas chaves com responsabilidade e respeito.

Capítulo 19
A Hora da Vez

É muito comum as pessoas viajarem para lugares diferentes, longínquos e distantes, ermos e tranquilos. Neles, todos sabem que sempre há consciências presentes.

Por esse motivo, é lícito abrir seus Registros para aprender sobre aquele lugar e sua ida até lá (nem sempre por simples acaso de passeio), para adquirir um pouco do conhecimento oriundo dessas consciências locais, mas que pode ser repassado a você.

Perceba que não é só acesso, por meios dos seus Registros, para ajudar locais de vibração negativa. Você também pode acessar locais sem conotação "assombrada", como parques com montanhas, praias, lagos... para que alguma consciência conte as memórias daquele lugar. Da mesma forma, alguma consciência ali presente, ainda que presa por algum motivo, pode contar o que viveu e fez para chegar a esse lugar... Tudo pode ser motivo de leitura.

Por vezes, você não poderá ajudar essa consciência, como no último caso, mas poderá entender, ouvir, aprender, e isso já será um grande alívio. Pode ter certeza.

Alguns podem ficar com uma dúvida: se a consciência presa ao local faz contato comigo, por meio do Registro, ela já está na Luz?

Nem sempre, mas já está com a luz do reconhecimento de que está aprendendo algo; já tem luz suficiente para haver o contato autorizado. Como já explicamos, a multidimensionalidade dos Registros Akáshicos permite que isso possa acontecer, pois todas as dimensões são possíveis de ser acessadas por meio dos RAs. Lembre-se de que, no embaixo, como se diz no plano terrestre, há seres de luz que cuidam de todos, mesmo que todos os ignorem ou, até mesmo, os rejeitem.

Imagine quanto conhecimento você deixou de absorver em tantos lugares que despertaram sua curiosidade... A famosa pergunta: "por que me sinto bem aqui?"

Não se trata de uma técnica de regressão de vidas passadas. Trata-se do uso de um canal de comunicação que pode, dependendo da sua necessidade, revelar fatos sobre o local ou a sua ligação com ele.

É hora de dar vez às vozes que ficam caladas, emudecidas pelo tempo que se foi. É hora de ir além para entender melhor o aquém. Você também pode ser canalizador(a) por consciências que precisam passar alguma informação adiante. Por esse motivo, escolhemos o nome deste breve capítulo: a hora da vez.

Caso sinta ou seja mostrado algo não tão positivo, pergunte à consciência em contato: "O que posso fazer para ajudar?". Ou, ainda, mostre-se disponível, com: "Eu me coloco a serviço das frequências Akáshicas para trabalhar neste local/neste caso".

Além de entrar em contato com essas consciências, lembre-se de que o contato também pode ser com consciências da natureza, dos elementos do local, como é o fato de que há consciências que representam a força de uma montanha... Como se sabe, a natureza tem muito o que ensinar.

Sobre esse campo ou sobre outro campo de estudo, é possível, também, pedir a alguma consciência ligada a esse plano que possa ensinar mais... Você pode perguntar/pedir, inclusive, para ensinar algo que ainda não foi ensinado ou compreendido... Já pensou quanto conteúdo ainda há no Universo a ser desvelado?

Também é possível abrir seus Registros antes de estudar um assunto... Experimente.

Da mesma forma, é possível fazer contatos com seres extremamente sutis, muito esquecidos/ignorados pela natureza humana, que mudam tudo e até atrapalham quase tudo, pois se julgam acima de todos.

Já dissemos reiteradamente que todas as Criações da Consciência Divina têm seu mesmo valor. Essa noção de se sentir melhor ou pior só pode ser proveniente de seres que perderam a noção de mesma origem e que, ao longo do caminho, rebelaram-se contra suas próprias naturezas ou origens, ainda, contra a Lei. Essa é uma explicação sucinta das razões de haver seres em baixo estado de vibração. Esse "rebelar-se" é a marca do desvio de caminho ou de propensão de encurtamento de rota, tentando alcançar um nível de suposta luz não condizente com seus reais propósitos vibratórios ou com seus reais estágios de evolução.

Isso quer dizer que todos são apenas "cordeirinhos" (como se diz no plano terrestre) e que devem aceitar tudo? Não. Mas negar um fato, como a sua origem e a necessidade de evoluir por etapas, é, um ato de infantilidade. As escolhas sempre são permitidas, inclusive a rebeldia, como já muito bem explicamos em vários pontos desta obra, e a escolha deve ser na medida do possível, do necessário e sempre com o intuito de movimentar adiante, de evoluir. Rebeldia remete à revolta, analisando um trecho da palavra, teremos VOLTA. Isso explica. Para cada distúrbio, há um remédio.

Quando se quer dar um "golpe", por assim dizer, na Fonte Original e quando se quer pular etapas, o que acontece é uma enganação... isso não é uma atitude de vibração positiva e vai agir contra si, não contra a Fonte Criadora e suas Leis Universais.

Voltando à questão da natureza, é comum que povos do Nepal e do Peru saibam a importância e a presença de "espíritos das/nas montanhas". Antes de escaladores se lançarem para alcançar o cume do Everest, jamais o fazem sem pedir licença a *Chomolungma*,[5] que se traduz como "Deusa Mãe das Montanhas", por meio de um puja. No Peru, na cultura inca, os jovens nativos são ensinados, desde muito cedo, a respeitarem *Apu*,[6] o espírito da montanha.Imagine o quanto alguma consciência desses lugares sagrados, por si só, pode ensinar? Sempre conseguiremos contato? Nem todas as vezes... Depende, como sempre, do seu merecimento e da sua necessidade.

Nosso intuito aqui é passar mais empregos diversificados sobre o que pode ser consultado dentro dos Registros Akáshicos.

---

5. Chomolungma é o nome tibetano para o Monte Everest, a montanha mais alta do mundo, localizado na cordilheira do Himalaia, na fronteira entre o Nepal e o Tibete. O Monte Everest é amplamente conhecido e desafiador para alpinistas, atraindo aventureiros de todo o mundo em busca de conquistar seu pico, que atinge uma altitude de 8.848 metros (29.029 pés) acima do nível do mar.

6. Na cultura inca, Apu refere-se a uma divindade associada a montanhas ou a cumes sagrados. Os incas consideravam as montanhas seres divinos, e acreditavam que elas desempenhavam um papel importante na proteção e na influência espiritual da região. Cada montanha ou cume tinha sua própria deidade Apu, e essas divindades eram reverenciadas e adoradas.

Ainda, imagine-se em uma cidade histórica do Brasil... Quanto daquelas paredes guardam memórias e ensinamentos? Percebe o motivo pelo qual escrevemos que certos "dons" (de pessoas que se julgam únicas) podem ser aprendidos? A dica é: abra seus Registros e caminhe por um lugar antigo... Ouça, veja, vibre e ajude.

Em outro viés, voltando à experiência de visão mental que o escritor teve de um ser desencarnado e ainda não encaminhado, durante uma consulta, surgiu uma pergunta... Todos os seres não encaminhados podem ser direcionados com sua ajuda dentro dos Registros Akáshicos? Obviamente, a resposta é: nem sempre.

Se houver merecimento, necessidade, desejo e esclarecimento mínimo, sim. Se houver necessidade da pessoa "atacada" também. Lembre-se de que é preciso ter o desejo/a necessidade de algo mover-se, e não somente esperar pelo fato de "cair do céu", como comumente se repete no plano terrestre.

Todavia, nesse caso, a ignorância do ser desencarnado o impedia de seguir e ele continuava "morando" na casa. Como havia o merecimento, foi encaminhado. Como proceder? Peça à consciência em contato que analise esse caso e encaminhe essa consciência perdida para um local onde possa retomar sua linha evolutiva, dentro do seu merecimento e necessidade, sempre.

Como todo esse contato será guiado/supervisionado por uma consciência de vibração elevada, não se preocupe com prejuízos que você possa sofrer.

Diferentemente, pessoas sem preparo e com um contato feito diretamente com consciências de vibrações conturbadas e/ou muito baixas podem, sim, carregar consigo resquícios dessas negatividades. Pior ainda, podem até sofrer ataques ou roubos energéticos de seus campos, para que essas consciências utilizem essas energias e certos materiais sutis para fins não condizentes com a Lei.

Todo cuidado é pouco, assim como todo treino ainda é pouco, percebe?Por esse motivo, já indicamos que a abertura dos Registros seja preferencialmente diária, mesmo que por poucos minutos.

Quando sentir necessidade, como um chamado, e tiver algum tempo, abra os Registros. Utilize uma oração sincera, a seu modo e criação, e peça que seus RAs sejam abertos. Nesses casos, não é necessário fazer a oração/chave completa. Já escrevemos uma oração menor para isso... É só voltar algumas páginas atrás.

Ademais, em certas religiões, há contato com entidades que atendem seres humanos, os quais procuram por assistências diversas. O problema, na maioria das vezes, é que esses "médiuns/canais", como são conhecidos, ficam até de certo modo desapontados, pois a egrégora que trabalha por meio dele(a) parece nunca fazer contato.

Sim, esse é outro uso para um contato dentro dos seus RAs, só que não é possível pedir esse contato... Caso aconteça, a consciência que o(a) guia dentro do Campo Mórfico dos Registros indicará essa necessidade e autorização, orientando como proceder. Para esse tipo de contato, o escritor utiliza como se fosse uma porta dentro dos seus Registros. Por ela, é feito o contato necessário com a respectiva egrégora.

Não só egrégoras com trabalho terrestre podem ser contatadas. Egrégoras que trabalham em outros mundos também. Nesse caso, novamente, a consciência orientará o caminho para o estabelecimento da comunicação.

Para terminar, pelo menos por enquanto, perceba que podemos listar páginas de possibilidades de comunicação dentro dos Registros Akáshicos.

Acredite, você conhecerá e vivenciará muitas mais, nem sequer citadas por nós, nem muito menos imaginadas por você...

Capítulo 20
Mudanças

Se é isso que você procura, em qualquer sentido ou campo, sim, aguarde mudanças. A primeira mais notável será maior equilíbrio emocional e certo desapego de problemas e círculos viciosos de sua vida.

Como você estará em contato com altas vibrações, haverá mudanças em seu padrão vibratório também. Ou seja, o que era relevante pode não ser mais... O que era motivo de brigas pode não ser mais... O que era motivo de intolerância pode não ser mais... O que era motivo de tristeza, ansiedade, pavor e preocupação pode não ser mais.

Você estará em contato consciente com a Fonte Criadora e, a Ela, tudo é possível. "Para o homem, é impossível, mas, para 'Eu Sou o que Sou', todas as coisas são possíveis." Permita-se. Viva. Experiencie.

Mudanças também podem ocorrer no campo da sua saúde, pois tudo é vibração, lembre-se. Não estamos aqui "vendendo a ideia" de cura, mas, como já foi escrito, para "Eu Sou o que Sou" nada é impossível. Nesse campo mais delicado de se tratar no orbe terrestre, pois há muito charlatanismo acontecendo, indicamos que, caso você esteja passando por alguma enfermidade, dirija-se à consciência contatada com as seguintes perguntas: "Por qual motivo estou passando por isso?"; "O que devo aprender?"; "A vibração dos Registros Akáshicos pode atuar em meu benefício?"; "O que preciso realizar/mudar para que isso seja amenizado?".

Por outro lado, perguntar "vou ser curado(a)" é uma questão de resposta SIM/NÃO, concorda? Logo, não é aconselhável que se faça esse questionamento. Se quiser tentar, experimente e veja qual resposta a consciência contatante proferirá. Nada melhor do que aprender vivendo a experiência.

Caso você não sinta melhora no quadro clínico, certamente viverá uma mudança de como encarar a problemática em questão.

Acha impossível? Lembre-se de alguém em cadeira de rodas ou com problemas muito sérios que, ao sorrir, desmontou sua pessoa em questão de segundos... O desmontar aqui é no sentido de você achar que seu problema é o maior de todos. Sim, reconhecemos que problemas são pesados a cada um, mas os Registros podem aliviar o peso emocional e isso ajudará, em muito, em qualquer tratamento. Quando sua vibração se eleva, eleva-se também sua imunidade. Isso é fato comprovado. Seu corpo físico é uma máquina vibracional. [Re]pense.

Ainda, pense em algo que você realmente queira mudar em sua vida. Acesse os RAs e pergunte à consciência contatada sobre isso... As perguntas são praticamente as mesmas: "Por qual motivo estou passando por isso?"; "O que devo aprender?"; "A vibração dos Registros Akáshicos pode atuar em meu benefício?"; "O que preciso realizar/mudar para que isso seja amenizado/eliminado?". Deixamos ainda outra questão: "Há algo que não consigo enxergar/perceber e precisa ser aceito ou entendido?".

Como você deve ser uma pessoa que acredita em reencarnação, isso também pode ser conteúdo de mudança... Pergunte: "O que não consegui ainda aprender nesta fase de minha vida consciencial?"; "O que ainda preciso cumprir, a fim de dar um passo adiante e subir um degrau na escala evolutiva?".

É muito comum, no seu meio, haver também uma ligação familiar, profissional, ou mesmo num meio de amizade que parece ter algo errado. Nesse caso, pergunte: "O que não consigo enxergar sobre essa ligação?"; "O que é preciso fazer para que essa conexão termine (caso ela seja depreciativa)?"; "Qual o propósito dessa ligação?".

Vale ressaltar que não é permitido pedir à consciência contatada para unir pessoas ou causar desunião. O que escrevemos anteriormente é sobre pessoas de seu convívio que causam muitos conflitos ou pelas quais você não consegue ter apreço.

Lembre-se, ainda, de que as consciências não estão a seu serviço... Elas são bússolas de orientação. Por vezes, pedirão permissão para realizar algo que você sequer saberá o que será exatamente. Sempre o canal é dos RAs para sua realidade, não o contrário.

De toda maneira, se não for algo claramente ilícito, que prejudique alguém ou que infrinja o livre-arbítrio de outra pessoa, solicite... Lembre-se destes versículos bíblicos: "Peçam, e será dado; busquem, e encontrarão; batam, e a porta será aberta. Pois todo o que pede recebe; o que busca encontra; e àquele que bate, a porta será aberta".[7]

É uma promessa da nossa parte? Não, é apenas uma citação de parte do livro sagrado e muito conhecido. O que queremos dizer aqui é que, com respeito, tudo pode ser pedido, desde que dentro da Lei. O recebimento será de acordo com sua necessidade e merecimento, como sempre.

Com o tempo, você também perceberá mudanças em seu paladar, preferências por comidas mais leves e saudáveis. Certos hábitos de ingestão de alimentos muito carregados energeticamente irão mudar. Quanto menos denso você estiver, mais clareza no contato terá. Isso já é fato em várias religiões terrestres. Isso também acontecerá com consumo de álcool. Vale, aqui, uma citação:

"Além do entorpecimento psíquico, o álcool também libera toxinas que atingem o perispírito (laço que une o corpo físico ao espírito). Essas impurezas, por sua vez, podem atrapalhar as vibrações energéticas e ainda são capazes de dificultar o tratamento espiritual caso esse seja aplicado."[8]

Não há proibição, mas, sim, orientação. Os resultados sempre serão condizentes com suas escolhas. Fato.

Mudanças em relação a ambientes frequentados também podem ser esperadas, pois há certos ambientes nos quais, caso você tivesse clarividência, você não passaria sequer na mesma calçada. Há livros que explicam muito bem isso.

Da nossa parte, deixamos uma dica: ambientes sem janela, com paredes pretas e em penumbra já são um indicador importante. Lembre-se de que nenhum ser vegetal conseguiria sobreviver em um ambiente assim. Animais, por vezes, recusam-se a entrar em certos locais. Lembre-se de que eles pressentem mais, ouvem mais e ainda enxergam em mais faixas de frequência do que os limitados sistemas humanos de sentido.

"Ahhh... mas eu vou e depois peço para alguma consciência no Registro limpar" – você até pode pensar assim. A pergunta que deixamos é: os RAs estão a seu serviço a qualquer momento e sempre que você determinar? Você já sabe a resposta.

---

7. Mateus 7: 7,8. Bíblia Sagrada On-line. Disponível em: <https://www.bibliaon.com/mateus_7/>. Acesso em: 12 mar. 2024.
8. Fonte: <https://conteudoespirita.com/alcool-e-espiritismo/ (Acesso em 15/jun/2023)>.

Outro ponto importante é que, por você ter se tornado um canal de acesso a uma faixa vibratória elevada, suas companhias também vão ser modificadas... Aquele ciclo em que você "só atrai quem não presta", como se diz no plano terrestre, poderá desaparecer, pois a atração entre seres, desencarnados ou encarnados, é por afinidade vibratória.

Como esse canal será reforçado a cada prática, pode haver também um fato: algumas consciências sem destino podem procurar você, a fim de que as encaminhe. Isso pode ser resolvido com um acesso aos seus Registros Akáshicos e com o pedido de encaminhamento. Como já mencionamos, você pode fazer pedidos, desde que dentro da Lei. Além disso, só o simples fato de pedir para a consciência limpar seu campo vibratório com a atuação da Luz já será suficiente para que ela tome as devidas providências em relação a quem está no seu campo ou da sua residência.

Capítulo 21
Clarificação

A atuação da Luz se dará de diversas formas, como você já percebeu até este ponto da obra. Agora, vamos dar mais noções de como isso é importante no mundo não tangível.

Primeiramente, veja o significado da palavra CLARIFICAR: "deixar um líquido livre das matérias que o toldam/obscurecem". Como seu corpo físico é formado por 70% de água, percebe como esse verbo ganha muita importância nas práticas dos Registros Akáshicos?

Com a clarificação, seus rumos ficarão mais claros; seus objetivos mais certeiros; sua rota mais definida; suas escolhas mais acertadas, entre tantos outros benefícios que poderíamos citar aqui. Novamente, não estamos "vendendo" milagres. O importante é que você entenda que a Luz da Fonte Original não é apenas um efeito da Física, ela age muito além disso.

Ela clareia consciências; clareia o obscurantismo da ignorância que leva até abismos inimagináveis. Pense... Sem enxergar o passo adiante, você pode cair sem perceber. Nesse caso, a frase que mais se profere é "não sabia/não vi/não fui avisado(a)".

Porém, a realidade é que **você foi avisado(a)**. Mesmo em ínfimos lampejos de claridade, sempre há aqueles milésimos de segundo terreno em que há luz resplandecendo na sua mente, a fim de que você [re]pense sobre tomar uma atitude, mas a ignorância faz com que seu cérebro reptiliano aja insistentemente e faça você entrar no paradoxo: luta ou fuga.

Com os acessos aos Registros, você terá menos confusão mental, irá bloquear pensamentos conturbados, os quais impedem que você veja os fatos com maior clareza. Com sua mente mais clarificada, ela atuará em faixas de frequência mais adequadas. Pesquise um pouco sobre isso e veja que as faixas de frequência mental influenciam nosso estado emocional, cognitivo, bem como em tantos outros processos corporais.

Referente ao assunto frequência, pesquise também a experiência de um estudioso, o qual provou que músicas possuem emanações de faixa de frequência que afetam o desenvolvimento de um simples broto de feijão, para o bom e para o mau resultado. Outro estudioso provou como as palavras podem afetar a molécula da água... Palavras são representações de vibrações, concorda? Por esse motivo, ouvir músicas com vibrações mais clarificadas é sempre mais adequado. Muitas religiões ensinam que cuidar do que se fala é algo primordial na vida de qualquer consciência. Isso não quer dizer que você não possa ouvir outros tipos mais densos, mas, para acessar seus Registros Akáshicos, como já recomendamos, pesquise melhor a intenção/composição do que você escuta, inclusive da letra. Procure falar o necessário, e evite cair na mesmice de dizer só fatos ruins do mundo e das pessoas.

Já tentou aquietar-se para ouvir o que falam ao seu redor? O que falam numa televisão? Você realmente ficará assustado(a).

Mesmo em outra língua não entendida por você, cada palavra emana vibrações... Lembre-se: "e o verbo se fez carne". Não é o mesmo contexto, sabemos, mas o princípio pode ser muito bem aplicado aqui.

Clarifique-se. Clarifique o seu redor e veja melhor tudo o que o(a) rodeia.

Sobre a atuação da Luz contra seres de baixa vibração, é uma arma pessoal que você também já pode utilizar... Dentro dos seus Registros, como filho(a) da Luz Criadora, você pode se imaginar, com permissão da consciência contatada, que seu lar está sendo coberto de Luz Divina protetora e vivificadora, desimpregnadora... Faça e veja o resultado.

Pode também, com a devida autorização, atuar positivamente para alguém, emanando Luz Divina recuperadora e retificadora. Perceba como o complemento é importante...

Como já explicamos, uma vela acesa é um pavio. Uma vela consagrada e imantada é um instrumento de emanação. Ainda assim, precisa de destino e de determinação/intenção.

Isso também ocorre nessa atuação possível dentro dos Registros, mas sem elementos físicos. Alguns podem pensar: "Ah, se a pessoa estiver vivenciando um carma, ainda posso 'mexer' nisso?". Prezado(a), carmas são apenas acertos na caminhada consciencial. Mesmo que você não possa retirar o acerto que estiver sendo realizado por consciências superiores, no sentido de auxiliar no aprendizado de um desvio consciencial, você pode ajudar com essa Luz que irá, minimamente, dar suporte emocional para a pessoa vencer a etapa. Além disso, não há como você saber se aquela tarefa já foi "paga". Assim, faça sua parte: envie o melhor e deixe o resto com as consciências responsáveis por fazer todo o trabalho que ainda for necessário.

Em viagens astrais, muito bem realizadas e acompanhadas, sem ser na base da "brincadeira e da curiosidade", há diversos relatos sobre esses trabalhos espirituais realizados no mundo intangível. Como, dentro dos seus Registros Akáshicos, você estará em território da Luz, aprenda a ser também um trabalhador da Luz.

"Ah! Posso, então, enviar luz para meu país e para o mundo?" – acalme-se. Como já explicamos, tudo deve ser passo a passo, como numa escada... Não queira subir ao topo, esticando sua pequena perna do primeiro ao último degrau, pois você pode não alcançar e ter uma distensão...

Quando estiver mais confortável e habituado com o contato e o trabalho dentro dos Registros Akáshicos, entenda que poderá aprender muitas outras faces de atuação das consciências que atuam nos Registros. Por enquanto, é o que podemos passar abertamente. "A cada qual, seu cada qual" é um ditado popular (nem tão popular atualmente), que significa que serão dadas diversas e diferentes missões a cada um, tão variadas quanto as consciências existentes.

Ainda sobre clarificação, existe um terceiro tipo de atendimento, além do seu acesso pessoal e do seu acesso para ajudar alguém. Trata-se de um atendimento em que a pessoa não tem contato algum com você e manda perguntas, normalmente três, a fim de serem respondidas pelas consciências do Akasha.

Além das perguntas, é preciso que você peça o nome completo (não é necessária a data de nascimento, pois o mundo espiritual sabe a origem do contato, mas, caso queira pedir, a escolha é sua) e a autorização: EU AUTORIZO O ACESSO AOS MEUS REGISTROS AKÁSHICOS.

Na sequência, você deverá realizar os procedimentos normais de abertura e acessar os Registros Akáshicos da pessoa, como se ela estivesse em contato presencial ou on-line. Você fará contato com alguma consciência e ela ficará responsável pelas respostas e, possivelmente, por uma mensagem inicial. O registro desses conteúdos ficará à sua escolha: por escrito, gravação, desenho... Não há um tempo determinado para esse registro. Assim como não é exatamente um padrão fixo de 1 hora em consultas para alguém ou de 30 minutos para seus contatos; não colocaremos aqui nenhum tipo de detalhe sobre a questão temporal. Lembramos que o que fora citado é apenas por uma questão de noção mínima para quem nunca passou pelas experiências que estamos ensinando e detalhando.

Um leitor muito competente, o qual foi um dos professores do escritor, chama esse trabalho de "Carta Akáshica". O nome é muito interessante e válido para o trabalho realizado.

Além disso, antes de fechar o campo, o Registro, da pessoa, peça à consciência contatada que emane CLARIDADE em todas as áreas da vida desse(a) consulente, abrangendo até o que não foi perguntado.

Por "falar" em professor, ele foi o último de uma parte da jornada... Após disso, todo o aprendizado foi adquirido em inúmeros acessos aos Registros Akáshicos do escritor, com alguns anos de treinos pessoais, registrados em papel (psicografia) e áudio, depois com consultas de diversas formas. Houve erros, acertos, muita dúvida e, mais ainda, aprendizados. Por fim, esse digno professor foi o que lhe ofereceu o incentivo e o encorajamento, valiosos até hoje: "vá, siga adiante, persista!". Anos depois, um dos resultados é este contato para a escrita desta obra. Sobre nós, esse professor sabe quem somos, pois nos apresentamos em grupo para ele. Caso leia esta obra em alguma oportunidade, fica aqui registrado nosso agradecimento.

Enfim, amado(a), não tenha medo. A Claridade sempre estará ao seu lado e, mesmo que alguma consciência do lado vibracional mais denso se apresente para passar alguma informação ou algum pedido, saiba que ela tem a autorização e a supervisão das consciências de Luz, a fim de fazer seu "trabalho" e retornar, caso seja sua decisão e vontade, para o lugar de onde veio.

Seja o clarear em sua própria vida e na vida daqueles que permitirem e/ou pedirem. Como significado primordial do verbo, clarear é limpar-se das nuvens, tornar-se lúcido, abrir espaço (clareira), esclarecer, desobscurecer, ILUMINAR.

Capítulo 22
O Côncavo e o Convexo

Já citamos, em alguns pontos desta obra, que o ser humano pode tanto se exacerbar em valor como se diminuir. Isso também pode acontecer com certos leitores ou aprendizes.

Daqui, ficamos observando quantos abandonaram caminhadas, sem nem sequer perceber que o êxito estaria logo adiante. Com isso, deixamos um pensamento: **o acesso aos Registros Akáshicos pode não ser o que imaginam, pois é muito mais do que conseguem imaginar.**

Vivendo em um meio a tanto pessimismo, rodeados por mensagens negativas e inúmeras alardeadas por certos "videntes", pelas notícias, é normal que os seres humanos vivam em vibração mais baixa. Quem estiver desperto perceba como a busca por sair dessa "ladainha", como se diz comumente, é de extrema importância, e veja quantos caminhos já percorreu para o êxito nesse intento...

Logo, você deve entender que este novo caminhar, para muitos, e até para alguns que já tentaram, sem sucesso, conhecer os Registros Akáshicos, poderá exigir bastante esforço, dependendo do quanto você se empenhar. Empenho, aqui, quer significar acesso constante.

Essa situação de maior ou menor esforço é, logicamente, relacionada ao que a pessoa pensa de si, dentro de um celeiro de conhecimentos. Mesmo que você tenha realizado inúmeros cursos, entenderá que seu saber consciencial não contém tudo o que se pode aprender, logo, não há quem esteja acima dos outros. Há, novamente, quem esteja mais adiante em determinado aspecto da caminhada. Mesmo que você não tenha realizado nenhum curso, entenderá que a Fonte Criadora está oportunizando várias chances por dia, a fim de que aumente sua sabedoria (conhecimento sem sabedoria é como uma vela apagada), cabendo apenas a você o início de cada jornada.

Comparar-se é um dos pontos fracos do ser humano e, na caminhada consciencial, isso se traduz naquelas pedras do caminho, já citadas aqui no livro. Se você ficar apenas olhando para essas pedras, deixará de enxergar a rota, o próximo objetivo, já que a "chegada" é sempre além. Como já explicamos, é infinita a rota, são infinitas as possibilidades.

Portanto, em vez de ficar trocando falas sobre dificuldades pelas quais passou até aqui, no processo de aprendizagem e de experiência que estamos propondo, procure trocar informações sobre como você **era** antes desta vivência; verifique como você **está** agora, porque há uma diferença no sentido do verbo SER e ESTAR que poucos conhecem. O verbo "ser" remete a algo mais estático, já o verbo "estar" remete a algo mais dinâmico. Por esse motivo, não é melhor falar "eu estou doente" do que "eu sou doente"?

Saia do desígnio do **ser** humano e passe para o aspecto de **estar** humano. Sim, sabemos que muitos conhecem aquela frase "sou um ser espiritual, vivendo uma experiência humana", mas, deixamos uma pergunta... O que adianta só saber ou só se conscientizar a respeito disso? Analise os usuários costumazes de tabaco: frequentemente, eles até são conscientes de que precisam parar de fumar, mas poucos tomam essa atitude, correto?

Ao fato de que o ser humano se enxerga menor do que deveria e maior do que pode, dá-se o nome de **dismorfia**. Ela também pode ser empregada para a análise do espírito humano, como consciência na jornada. Isso não quer dizer que momentos de orgulho ou humildade na caminhada da vida não são saudáveis. Só queremos salientar que o equilíbrio deveria ser a norma, não a exceção: há pessoas que inflam tanto a visão de si mesmas que não conseguem mais colocar os pés no chão; outras já esvaziaram tanto suas visões de si que só conseguem viver no subsolo. Percebe como o desequilíbrio, tanto citado nesta obra, é observado por nós?

Saindo dessa alegoria, notou que o desequilíbrio é explicado como aquilo "a mais" ou "a menos" em qualquer área e/ou assunto de sua jornada? Recordamos que esse desequilíbrio/desvio recebe o nome de carma.

Imagine que você veio para o plano terrestre, como um copo pela metade. Caso encha demais, transbordará... Caso esvazie, secará. De qualquer forma, perderá o equilíbrio, o qual era representado, visualmente, pelas partes iguais da proporção água + vazio, representando o universo tangível e o universo intangível.

Dessa forma, representamos que os fanáticos pelos bens tangíveis, assim como os fanáticos pelo mundo intangível, sofrem as mesmas consequências de seus desequilíbrios. Foi por esse motivo que a cada um foi concedido um corpo físico e uma consciência intangível, para que aprenda a viver conforme a sabedoria contida na popular frase: "nem tanto ao céu, nem tanto a terra", como já mencionado anteriormente.

Nesse sentido, após essa sustentação inicial, é possível entender que o acesso aos Registros Akáshicos vem somar respostas sobre as duas porções do "copo". Nele, as consciências são capazes de explicar fatos do seu mundo físico e do seu universo não físico, sempre de acordo com a sua jornada, conforme seus desvios e acertos, sem distorções, nem dismorfias conceituais e/ou pessoais.

Como você sabe, mesmo o aparelho ocular mais perfeito sofre interferências externas, nem sempre o que se pode ver é o que é enxergado com clareza. Por isso, como ensinamos, nos acessos aos RAs, devem ser usados os olhos da alma. É por essa razão que sugerimos tanto que os acessos sejam de olhos fechados. Mais adiante, com sua "firmeza" de concentração, verá que, mesmo com olhos abertos e certas distrações, você continuará no contato inequívoco com a consciência contatada. Sentirá ou enxergará, com os olhos da alma, que ela está "ao seu lado", por assim dizer.

Há quem sugira que, ao perceber que se desconectou, refaça a oração de abertura, mas pense conosco... O que vale mais: palavras ou intenção? Neste ponto, é possível explicar que você poderá entrar em contato, abrindo seus Registros, de maneira significativamente mais rápida, conforme mencionado anteriormente. Isso dependerá da sua prática e da orientação das consciências que o(a) guiarão pela jornada e, ainda, da necessidade e da urgência envolvidas.

O próprio escritor foi convidado a fazer experiências ao longo da escrita desta obra. Em uma ocasião, tentou escrever sem abrir o Registro e travou; em outra, abriu de forma mais completa e deu tudo certo; em outra ainda, abriu de maneira mais curta e também deu tudo certo; mais uma vez, percebeu que a consciência responsável pelo conteúdo, pela reflexão, já estava presente... e deu tudo certo mais uma vez, mesmo sem fazer procedimento de abertura. Percebe que tudo é variável? O que diferiu foi apenas a vibração em que ele se encontrava. Simples assim.

Com isso, explicamos que não é só por meio do Registro que você faz/fará contato com consciências diversas. Só quisemos deixar claro que, ao fazer por esse meio, terá mais garantias, principalmente para neófitos que realmente sentem medo ou para ocasiões em que você sente que precisa de maior envolvimento com a Luz, para sua proteção. No mais, caso você já esteja em vibração mais elevada, o que é possível com o auxílio de várias técnicas, poderá acessar SEUS Registros sem tanta "burocracia", como se diz no plano terrestre. Só que, ao fim da missão, agradeça e feche SEUS Registros da mesma forma, em respeito ao contato e às consciências do contato.

Por que salientamos SEUS? Porque não é indicado que você fique "entrando/invadindo" o campo mórfico de quem não lhe deu autorização. Isso difere muito de uma conversa com um amigo ou uma amiga, em que consciências relativas à conversa ou a um de vocês "entrem" no discurso por afinidade ou necessidade.

Em nenhum momento desta obra, quisemos dar a noção de que só há um caminho. Se ainda acha isso, por gentileza, volte ao primeiro período do primeiro parágrafo do nosso Prefácio: "Os Registros Akáshicos são portais multidimensionais que conectam e acessam diferentes realidades paralelas às do ser humano encarnado e desencarnado".

Por diferentes dimensões, acessarão diferentes portais. Por diferentes portais, acessarão diferentes egrégoras, diferentes missões e diferentes tipos de mensagens.

Além de não ser sábia a alteração de informações que você irá receber, quando for realizar a leitura para outra pessoa, tampouco é sábia a alteração das informações que passamos. Apesar disso, tudo é possível e a escolha é sua. Sempre sua. Nós só observamos. Sempre.

Ainda falando em distorções, é por isso que pedimos, respeitosamente, que não sejam misturadas outras técnicas com acesso aos Registros Akáshicos, pelo menos de início. Mesmo após muito treino, você precisa entender que outras técnicas são para outros fins. Elas até podem ser usadas em conjunto com os RAs, mas tome cuidado para não "venderem" algo que já não é mais ACESSO A REGISTROS AKÁSHICOS, pois outra técnica está tomando o lugar dos RAs.

Cada um deve ter sua responsabilidade e evitar certos objetivos escusos que realmente não são característica dos acessos aos Registros Akáshicos.

Cada um deve ter sua responsabilidade e evitar certos objetivos escusos que realmente não são característica dos acessos aos Registros Akáshicos.

Por outro lado, como estar no Registro é, primordialmente, expansão da consciência, é óbvio que você pode aproveitar esse momento para aplicar outros procedimentos que também utilizem esse "veículo" e melhorar diversos aspectos da vida.

O que queremos dizer é: saiba separar BEM o que é atuação do Registro da atuação de outra técnica DENTRO do Registro, sob a Luz do Registro. Assim, estará sem risco de cometer desvios e angariar resgates deles mais adiante.

Ainda sobre distorções, já pararam para pensar que esse *modus operandi* de vida terrena é conturbado para que poucos percebam que estão entre espelhos côncavos e convexos ao mesmo tempo? Por esse motivo, uns veem os outros de maneira muito distorcida e tudo se transforma numa "guerra de todos contra todos", como bem um pensador falou no plano terrestre.[9]

---

9. A expressão "guerra de todos contra todos" é frequentemente associada ao filósofo inglês Thomas Hobbes. Ele a utilizou no seu trabalho Leviatã, publicado em 1651. Hobbes usou essa frase para descrever o estado natural da humanidade, no qual a ausência de um poder centralizador levaria a uma condição de conflito constante e a uma competição generalizada. Para Hobbes, a criação de um governo forte era necessária para evitar esse estado de guerra generalizada e manter a ordem na sociedade.

Quando estiver em contato constante com seus Registros, perceberá o quanto media tudo e todos por suas réguas da moralidade, e o quanto isso causa desarmonia vibracional em si e nas pessoas aferidas.

A alta frequência dos Registros tirará, aos poucos, essa percepção de vocês e conseguirão caminhar nas ruas sem aquele olhar que procura, no olhar dos outros, a sua aprovação... Como isso não é possível, as pessoas passam por um fardo que é essa "medição". Voltando ao que já citamos, é a eterna fuga ou ataque... Fuga de um lado e ataque ao desconhecido, já que a realidade do outro só existe no outro em si. Se já é difícil conhecer-se, imagine conhecer o outro?

Por isso, é tão importante a prática para ir se transformando, a fim de ajudar outras pessoas a encontrarem seus caminhos. Tudo será um processo gradual, pois, como diz o escritor a seus alunos, "em dez minutos só é possível começar e terminar de fazer um macarrão instantâneo".

Por fim, ainda falando sobre certa natureza [des]humana, é bem normal, no plano terrestre, que quem sabe mais (ou pensa que...) tente rebaixar quem, aparentemente, sabe menos. Por mais que alguém se mostre quase/totalmente leigo em certo conteúdo, você, "oh alma ilibada", sabe o que há no Registro dela em outras vidas? Qual o tamanho real da jornada consciencial dela? Tentar rebaixar alguém é usar o seu espelho da diminuição para outra pessoa, para que haja uma suposta ampliação da sua "importância". Infantil.

Falando agora sobre dons... Outro ponto também é: "Ah, mas e quem já vem com certos 'dons'?" É bem importante que façamos comentários sobre isso... Como já escrevemos, a Fonte criadora possibilita a todos as faculdades diversas. Nesse caso, todos podem, sim, desenvolver tais habilidades, chamadas de paranormais, pois o suposto "normal" é que ninguém consiga ver além dos olhos da carne, ouvir além dos ouvidos da carne, etc.

Há algo aqui que vai unir vários fatos já citados... Se, durante sua caminhada consciencial, você já encheu demais seu corpo, ou já o esvaziou por desvios na sua rota, é normal que, mesmo tendo desenvolvido uma faculdade, venha para esta nova oportunidade sem poder acessá-la. Percebe por que a espetacularização de "dons" é muito deletéria a quem faz, a ponto de a Lei retirar da pessoa essa faculdade? A Lei, simplificadamente, é uma espada que protege, mas que também corta.

Em contrapartida, a pessoa que está em equilíbrio e/ou precisa usar faculdades paranormais para resgatar um desvio terá acesso, já com pouca idade, a uma ou mais faculdades de contato "não normal". Ou seja, ser paranormal é normal. Todo mundo tem algum tipo de sensibilidade. Mas alguns inventam que são tão sensíveis que já não vivem mais na 3D. Por favor...

Fechando o tema dons... Percebeu, ao longo da leitura, que muitos deles foram aqui explicados como fatos por meio dos Registros Akáshicos? Percebeu a válida desmistificação?

Voltando às Etapas...

Dissemos ao longo da obra que para tudo é necessário haver começo, meio e fim. Mesmo em contatos fora de algo mais ritualístico ou regrado, a pessoa consciente e equilibrada irá perceber que a consciência "deu os recados" e se afastou. Como visto aqui, sempre agradeça. Sempre.

Por fim, o contrário também é um fato... Uma pessoa que se julga menos/menor, no plano terrestre, tem essa "dádiva" de idolatrar outras que, por alguma mostra de um "dom" a mais, sentem-se "escolhidas", enquanto aquelas que se inferiorizam sentem a necessidade de "ungir" alguém. Em quantos ritos religiosos você já notou algumas pessoas colocando o dirigente em cima de um pedestal? Por favor... Porém, isso muito difere de você ter respeito à hierarquia e à disciplina (obediência a um conjunto de regras) naquele grupo religioso, pois, "do lado de cá", há hierarquia e muito respeito; há total disciplina, como já citamos. Afinal, não estamos nos propondo, por meio deste livro, por necessidade, a expor regras de acesso, estudo e respeito? Sabemos que você, leitor(a), entendeu: idolatria não é respeito. Fanatismo não é respeito. Soberba não é respeito.

Capítulo 23
A Vontade e a Propensão

No meio religioso, há uma máxima: "muitos são chamados, mas poucos são escolhidos". Percebe como isso engloba a VAIDADE e o que explicamos no fim do capítulo anterior?

Gostamos mais de outra máxima, adaptada mais ou menos assim: "o Criador não chama os mais capacitados, capacita aqueles que foram chamados". A diferença entre a nossa visão e a de religiosos é que TODOS SÃO CHAMADOS.

Ser chamado, aqui, não é ser melhor... Assim como não ser chamado não é ser pior... Ser chamado é aquela vontade que você teve de conhecer este conteúdo ou o conteúdo ter "caído nas suas mãos por acaso".

Só que, ao longo do processo, você pode, sim, perceber que o "trabalho" em si não é bem para você. Isso o(a) fará menor? NUNCA. O que seria dos Anjos se todos quisessem ser Arcanjos? No Universo da Fonte Criadora, há espaço infinito e incumbências infinitas. Se não vibrou no seu íntimo, ou se não combinou com seu modo de pensar, tudo bem. Respeitamos sua escolha e rogamos que siga adiante, ciente de que a jornada não para por aqui, só porque não vai dar continuidade. Não, nesse caso, não somos indiferentes, somos apenas respeitosos pelas suas escolhas.

Sempre há várias formas de se capacitar para avançar em sua jornada consciencial. Vá adiante!

Essa é a diferença da vontade de fazer algo e da propensão a fazer algo... Continue na vontade de descobrir seu caminho e encontre sua propensão, ou seja, aquilo que é sua tendência e inclinação na sua vocação. Não fique só na vontade, aja.

Mesmo que você não se sinta capaz de atender alguém, veja o quanto pode ganhar por praticar apenas para si. Em momento algum, citamos que seria uma obra para que todos se transformassem em "trabalhadores de leituras". Nosso maior interesse é que você trabalhe a sua pessoa.

Por fim, neste curto capítulo, ensejamos que entenda que, mesmo sua vocAÇÃO exige AÇÃO. Comece a agir hoje!

Capítulo 24
Até Breve

Após quase 45 mil palavras, aqui nos despedimos deste contato que travamos com você, amado leitor e amada leitora desta obra, e que vai além do que está escrito.

Esperamos ter levado Luz às suas sombras, às suas dúvidas, aos conceitos equivocados, bem como ter colocado fogo nas vaidades e mostrado que o universo de conhecimento, que ainda está por vir, é realmente infinito, como o Universo da Fonte Criadora.

Lembre-se de que, ao chegar ao cume de uma montanha, haverá outro vale e outra montanha a subir...

Pare em certos momentos, descanse e olhe para trás... para o que pensava antes de começar a jornada (inclusive esta leitura) e para o ponto em que está agora. Por mais que pedras tenham aparecido no seu caminho ou "no seu calçado", de alguma forma, você caminhou.

Como já foi citado, é sábio entender que, na palavra vIDA, só há IDA.

Você é parte dos Registros Akáshicos. Como se diz no plano terrestre, tome posse deles.

Mesmo que você não nos veja, estaremos sempre olhando por você e para você; ainda que nos encontremos apenas naquele quarto escuro em que você não nos percebe ou não nos vê.

Da nossa parte, é uma honra explanar sobre tantos assuntos e fazer relações com diversos tipos de conhecimentos terrestres. Nós que somos gratos pela oportunidade de compartilhar.

Até breve!

Os Treze
O. C. C. S. C.

Epílogo

Chegamos ao fim da jornada e do contato que muito nos ensinou. Como em uma consulta aos Registros Akáshicos, para você mesmo(a) ou para outros, ela nunca sairá da mesma forma, com mesmo conhecimento. Mais uma vez, dentre inúmeras oportunidades de práticas que já fiz, ratifico que essa é a mais pura e iluminada realidade.

Como alguém que "sem saber que era capaz... foi lá e fez", ainda não sei explicar como fiz. Só sei que está feito.

Por fim, entrego esta obra a cada um e rogo que ela clareie seus caminhos, tanto quanto clareou esta jornada.

Sou grato a todas as consciências envolvidas!

Sou grato a "Eu Sou o que Sou"!

Até Breve!

Sérgio Lopes

MADRAS® Editora

Para mais informações sobre a Madras Editora,
sua história no mercado editorial
e seu catálogo de títulos publicados:

Entre e cadastre-se no site:

www.madras.com.br

Para mensagens, parcerias, sugestões e dúvidas, mande-nos um e-mail:

marketing@madras.com.br

SAIBA MAIS

Saiba mais sobre nossos lançamentos,
autores e eventos seguindo-nos no facebook e twitter:

@madraseditora   @madraseditora   /madraseditora